Descobrir Jogos Online Grátis

Disponível Aqui:

BestActivityBooks.com/FREEGAMES

5 DICAS PARA COMEÇAR

1) CÓMO RESOLVER LAS SOPA DE LETRAS

Os puzzles têm um formato clássico:

- As palavras estão escondidas sem espaços ou hífenes,...
- Orientação: As palavras podem ser escritas para a frente, para trás, para cima, para baixo ou na diagonal (podem ser invertidas).
- As palavras podem sobrepor-se ou intersectar-se.

2) APRENDIZAGEM ACTIVA

Ao lado de cada palavra há um espaço para anotar a tradução. Para encorajar a aprendizagem activa, um **DICIONÁRIO** no final desta edição permitir-lhe-á verificar e expandir os seus conhecimentos. Procure e anote as traduções, encontre-as no puzzle e adicione-as ao seu vocabulário!

3) MARCAR AS PALAVRAS

Pode inventar o seu próprio sistema de marcação - talvez já use um? Pode também, por exemplo, marcar palavras difíceis de encontrar com uma cruz, palavras favoritas com uma estrela, palavras novas com um triângulo, palavras raras com um diamante, e assim por diante.

4) ESTRUTURANDO A APRENDIZAGEM

Esta edição oferece um **CADERNO DE NOTAS** prático no final do livro. Nas férias, em viagem ou em casa, pode facilmente organizar os seus novos conhecimentos sem a necessidade de um segundo caderno!

5) JÁ TERMINOU TODAS AS GRELHAS?

Nas últimas páginas deste livro, na secção **DESAFIO FINAL**, encontrará um jogo gratuito!

Rápido e fácil! Consulte a nossa colecção de livros de actividades para o seu próximo momento de diversão e **aprendizagem**, a apenas um clique de distância!

Encontre o seu próximo desafio em:

BestActivityBooks.com/MeuProximoLivro

Aos vossos lugares, preparem-se...Vão!

Sabia que existem cerca de 7.000 línguas diferentes no mundo? As palavras são preciosas.

Adoramos línguas e temos trabalhado arduamente para criar livros da mais alta qualidade para si. Os nossos ingredientes?

Uma selecção de tópicos adequados à aprendizagem, três boas porções de entretenimento, e depois acrescentamos uma colherada de palavras difíceis e uma pitada de palavras raras. Servimo-los com amor e máximo divertimento, para que possa resolver os melhores jogos de palavras e se divirta a aprender!

A sua opinião é essencial. Pode participar activamente no sucesso deste livro, deixando-nos um comentário. Gostaríamos de saber o que mais lhe agradou nesta edição.

Aqui está um link rápido para a sua página de encomendas:

BestBooksActivity.com/Avaliacoes50

Obrigado pela vossa ajuda e divirtam-se!

1 - Dirigindo

```
C O M B U S T I B I L O S M
C Y B C A K P N M W Y Q T V
P O L I T I E J M O T O R O
I R Z R G A R A J I W G A Z
E T U Ţ B L I C E N Ţ Ă D T
T D R D A C C I D E N T Ă U
O F J A E Y O D K B R R C N
N I R L F N L B R R S A P E
J R X Ţ N I Ţ D E U Y N J L
H D F W Ţ K C Ă D A M S V K
H R S I G U R A N Ţ Ă P N H
M O T O C I C L E T Ă O I R
J M A Ș I N Ă M I L E R P X
H A R T Ă F R Â N E C T P E
```

ACCIDENT
MAȘINĂ
COMBUSTIBIL
PRUDENȚĂ
DRUM
FRÂNE
GARAJ
GAZ
LICENȚĂ
HARTĂ

MOTOCICLETĂ
MOTOR
PIETON
PERICOL
POLITIE
STRADĂ
SIGURANȚĂ
TRANSPORT
TRAFIC
TUNEL

2 - Atividades

```
P G D M R A F D A O H X P M
E R R E M J O C U R I L Z R
S Ă U Ş A C T I V I T A T E
C D M T G L O Y O K O Ă I L
U I E E I F G V H Î P Q M A
I N Ț Ş E S R V Q N P Q P X
T Ă I U V E A L A D I F L A
T R I G Y T F E P E C H I R
R I Z U L Z I C L M T N B E
U T M R A Z E T Ă Â U X E A
Q U C I D W V U C N R Ţ R M
V Â N Ă T O A R E A A B H E
C E R A M I C Ă R R B E C J
I N T E R E S E E E R L Z O
```

ARTĂ	GRĂDINĂRIT
MEŞTEŞUGURI	JOCURI
ACTIVITATE	TIMP LIBER
VÂNĂTOARE	LECTURĂ
DRUMEŢII	MAGIE
CERAMICĂ	PESCUIT
FOTOGRAFIE	PICTURA
ÎNDEMÂNARE	PLĂCERE
INTERESE	RELAXARE

3 - Churrascos

```
F O A M E G B D P R L J W F
N D I Y U T Q J M M E O U I
E J Z F I Z J B Y C G C Y E
G R Ă T A R I H T I U U I R
G O Z J J A N C P N M R Z B
D S A R E E V O Ă A E I P I
X I X X A E I P S H B S R N
G I C F K Z T I O A P V Â T
E G P H W L A I U L L K N E
E I U I P O Ț K P J H A Z E
U H Q B P U I K X W G S T Z
C U Ț I T E E S O S R M B E
V A R Ă I F R U C T P G Y K
K D L F A M I L I E G V Ț Y
```

PRÂNZ
INVITAȚIE
COPII
CUȚITE
FAMILIE
FOAME
PUI
FRUCT
GRĂTAR
CINA

JOCURI
LEGUME
SOS
MUZICĂ
PIPER
FIERBINTE
SARE
SALATE
ROSII
VARĂ

4 - Pesca

```
G E R Â U L A C P V V R A P
N R C Â R L I G L D Q Ă R L
J P E H O S O V A N C B I A
V U R U I G Q T J S I D P H
A M K O T P J V Ă E U A I N
Z B V O N A A B F Z B R O D
V J R T D V T M Y O C E A N
G A S A R B R E E N O T R E
Z K Â C N C S P M N Ş F E A
C W R T I H B U C Ă T A R E
Y A M X Z R I D H Q E L U W
A P Ă B L E Ţ I K V K C X N
E X A G E R A R E T W Ă M S
B A R C Ă M O M E A L Ă P I
```

APĂ	MOMEALĂ
ARIPIOARE	LAC
BARCĂ	FALCĂ
BRANHII	OCEAN
COŞ	RĂBDARE
BUCĂTAR	GREUTATE
ECHIPAMENT	PLAJĂ
EXAGERARE	RÂU
SÂRMĂ	SEZON
CÂRLIG	

5 - Geologia

```
D Z V V R C R I S T A L E Z
A A I J U M K V Z M H V L C
Q C S T A L A G M I T E C O
D B I W A V C A L C I U U R
K J P D B G J A F T S D A A
S M S W O H P D N O D Z R L
T A E R O Z I U N E S D Ț P
R L A V Ă Z A O E C E I O L
A E Y Y B O T M G A X G L A
T S E P Y N R B T V T F L T
U X U K M Ă Ă P E E G V S O
C O N T I N E N T R X B J U
C U T R E M U R D N S A R E
M I N E R A L E Q Ă F W T H
```

ACID
STRAT
CAVERNĂ
CALCIU
CONTINENT
CORAL
CRISTALE
EROZIUNE
STALAGMITE
FOSIL

LAVĂ
MINERALE
PIATRĂ
PLATOU
CUARȚ
SARE
CUTREMUR
VULCAN
ZONĂ

6 - Móveis

```
T  W  S  M  R  P  N  D  Y  R  B  H  W  C
H  Q  A  H  A  S  A  I  Z  J  I  I  G  B
P  S  L  S  X  U  C  S  G  K  R  C  F  S
E  W  T  C  Ţ  H  P  C  W  B  O  O  G  E
R  R  E  F  L  H  A  A  A  D  U  L  A  P
D  A  A  N  U  R  D  U  Z  N  T  Y  Q  E
E  F  B  A  N  C  Ă  N  B  L  A  Ţ  X  R
L  T  J  C  X  A  Ţ  K  F  R  N  P  Q  N
E  U  O  G  L  I  N  D  Ă  U  Z  V  E  Ă
F  R  H  A  M  A  C  X  V  P  T  C  Q  A
B  I  B  L  I  O  T  E  C  Ă  A  O  X  I
Q  F  O  T  O  L  I  U  Ţ  Z  Z  T  N  T
C  O  V  O  R  B  Q  D  N  O  F  A  U  P
P  E  R  N  E  Q  S  U  L  Y  N  G  X  M
```

PERNĂ
PERNE
BANCĂ
SCAUN
PAT
SALTEA
PERDELE
DULAP
OGLINDĂ

BIBLIOTECĂ
FUTON
HAMAC
BIROU
FOTOLIU
RAFTURI
CANAPEA
COVOR

7 - Tempo

```
X  X  M  S  W  A  C  F  Q  Y  U  V  B  C
I  J  J  X  Y  Q  G  Z  S  O  X  F  I  I
C  L  I  P  Ă  D  E  C  E  N  I  U  E  X
T  M  N  O  A  P  T  E  C  R  N  Ţ  R  R
V  I  I  T  O  R  W  A  O  C  B  J  I  G
Î  N  A  I  N  T  E  L  L  G  Y  Ţ  U  C
A  U  N  C  S  D  I  M  I  N  E  A  Ţ  Ă
C  T  U  A  S  Ă  P  T  Ă  M  Â  N  Ă  L
U  K  A  L  U  N  Ă  A  P  K  C  L  P  N
M  E  L  E  X  S  C  E  M  Z  I  E  A  D
Y  Y  M  N  W  N  L  W  C  I  V  L  A  N
A  S  A  D  V  I  S  T  D  P  A  S  P  S
T  E  S  A  V  X  A  O  V  M  S  Z  W  D
O  R  Ă  R  A  Z  I  T  J  X  I  Ţ  Ă  O
```

ACUM
AN
ÎNAINTE
ANUAL
CALENDAR
DECENIU
ZI
VIITOR
AZI
ORĂ

DIMINEAŢĂ
AMIAZĂ
LUNĂ
MINUT
CLIPĂ
NOAPTE
IERI
CEAS
SĂPTĂMÂNĂ
SECOL

8 - Astronomia

```
P  I  A  G  H  F  R  A  D  I  A  Ț  I  E
A  Ă  S  S  O  L  A  R  Y  S  S  G  S  C
E  S  M  E  T  E  O  R  B  L  T  R  U  H
R  H  T  Â  K  E  E  N  D  L  R  A  P  I
A  M  W  R  N  P  R  S  B  H  O  V  E  N
C  E  R  F  O  T  P  O  S  L  N  I  R  O
H  X  G  Q  X  N  L  W  I  M  O  T  N  C
E  S  V  H  M  F  A  F  U  D  M  A  O  Ț
T  V  L  A  E  C  N  U  O  Z  S  Ț  V  I
Ă  E  O  Ț  D  O  E  Ț  T  X  M  I  Ă  U
H  L  U  N  A  S  T  Y  M  N  B  E  N  C
Z  D  J  D  F  M  Ă  R  P  X  U  T  X  Q
N  E  B  U  L  O  A  S  Ă  H  Y  B  S  D
E  C  L  I  P  S  Ă  M  W  W  U  E  D  S
```

ASTEROID
ASTRONAUT
ASTRONOM
CER
COSMOS
ECLIPSĂ
ECHINOCȚIU
RACHETĂ
GRAVITAȚIE

LUNA
METEOR
NEBULOASĂ
PLANETĂ
RADIAȚIE
SOLAR
SUPERNOVĂ
PĂMÂNT

9 - Circo

```
B  I  Z  G  S  T  R  U  C  T  C  P  T  H
I  S  P  E  C  T  A  C  U  L  O  S  L  B
L  C  H  M  A  I  M  U  Ţ  Ă  G  P  E  L
E  V  O  A  G  M  F  B  C  O  S  T  U  M
T  G  V  G  L  V  B  A  L  O  A  N  E  A
I  W  Z  I  X  D  B  C  O  A  R  M  J  G
Y  L  L  E  P  B  O  R  V  N  E  T  O  I
L  Q  R  L  N  X  M  O  N  I  L  I  N  C
M  U  Z  I  C  Ă  B  B  A  M  E  G  G  I
P  A  R  A  D  Ă  O  A  W  A  F  R  L  A
E  O  D  S  O  Ţ  A  T  C  L  A  U  E  N
W  V  P  F  H  J  N  Z  G  E  N  W  R  T
O  N  G  R  M  E  E  Z  W  Q  T  O  L  Q
B  G  S  P  E  C  T  A  T  O  R  K  N  E
```

ACROBAT	MAIMUŢĂ
ANIMALE	MAGIE
BALOANE	JONGLER
BILET	MAGICIAN
PARADĂ	MUZICĂ
BOMBOANE	CLOVN
ELEFANT	CORT
SPECTATOR	TIGRU
SPECTACULOS	COSTUM
LEU	TRUC

10 - Acampamento

```
U  B  M  A  Q  K  Q  C  H  A  R  T  Ă  P
U  X  I  N  S  E  C  T  Ă  A  Y  C  N  Ă
S  W  N  I  Ţ  A  A  O  C  D  M  L  Y  L
F  S  I  M  C  J  B  Z  P  O  O  A  U  Ă
Y  N  E  A  Z  K  I  D  G  A  R  E  C  R
J  S  V  L  R  I  N  B  C  H  C  T  L  I
P  D  Â  E  J  G  Ă  D  Ţ  V  W  I  F  E
M  U  N  T  E  C  H  I  P  A  M  E  N  T
N  P  Ă  F  O  C  F  R  Â  N  G  H  I  E
A  Ă  T  B  U  S  O  L  Ă  L  A  C  T  N
T  D  O  Q  S  V  R  E  G  U  B  L  D  L
U  U  A  G  R  A  A  V  E  N  T  U  R  Ă
R  R  R  B  I  N  S  T  C  A  N  O  E  D
Ă  E  E  V  B  F  J  H  T  E  M  Q  Q  V
```

ANIMALE	PĂDURE
AVENTURĂ	FOC
COPACI	INSECTĂ
BUSOLĂ	LAC
CABINĂ	LUNA
VÂNĂTOARE	HAMAC
CANOE	HARTĂ
PĂLĂRIE	MUNTE
FRÂNGHIE	NATURĂ
ECHIPAMENT	CORT

11 - Emoções

```
R  B  F  Q  G  Q  D  N  X  J  P  J  W  F
E  E  U  W  B  Q  S  R  Z  C  A  E  F  E
C  U  L  C  T  I  S  F  A  E  C  N  P  R
U  A  O  A  U  O  Q  B  E  G  E  A  L  I
N  Y  G  D  X  R  L  H  M  P  O  T  I  C
O  W  J  B  J  A  I  Ț  A  N  B  S  C  I
S  Q  F  Z  Z  Z  T  E  Z  U  U  L  T  R
C  S  I  M  P  A  T  I  E  L  N  I  I  E
Ă  M  F  U  R  I  E  S  N  P  Ă  N  S  X
T  S  A  T  I  S  F  Ă  C  U  T  I  E  C
O  C  A  L  M  P  K  B  R  H  A  Ș  A  I
R  A  F  C  O  N  Ț  I  N  U  T  T  L  T
T  R  I  S  T  E  Ț  E  J  F  E  E  Ă  A
B  J  A  I  M  D  T  F  R  I  C  Ă  I  T
```

BUCURIE	FRICĂ
DRAGOSTE	PACE
EXCITAT	FURIE
FERICIRE	RELAXAT
BUNĂTATE	SATISFĂCUT
CALM	SIMPATIE
CONȚINUT	PLICTISEALĂ
JENAT	LINIȘTE
RECUNOSCĂTOR	TRISTEȚE

12 - Ficção Científica

```
D  G  U  T  O  P  I  E  Î  U  J  I  F  L
G  I  A  T  D  V  G  D  N  S  T  I  A  P
F  L  S  L  O  H  T  O  D  J  I  M  N  L
L  U  S  T  A  M  G  T  E  Ţ  A  A  T  A
V  Z  I  E  O  X  B  Q  P  E  A  G  A  N
L  I  X  H  R  P  I  C  Ă  R  Ţ  I  S  E
F  E  X  N  A  G  I  E  R  D  S  N  T  T
U  C  F  O  C  L  T  E  T  S  G  A  I  Ă
T  I  R  L  O  T  U  K  A  P  L  R  C  Y
U  N  O  O  L  L  P  M  T  H  R  I  H  Q
R  E  B  G  D  Q  V  E  E  X  T  R  E  M
I  M  O  I  E  X  P  L  O  Z  I  E  C  X
S  A  Ţ  E  N  M  I  S  T  E  R  I  O  S
T  Q  I  N  S  A  T  O  M  I  C  R  M  S
```

ATOMIC	ILUZIE
CINEMA	IMAGINAR
ÎNDEPĂRTAT	CĂRŢI
DISTOPIE	MISTERIOS
EXPLOZIE	LUME
EXTREM	ORACOL
FANTASTIC	PLANETĂ
FOC	ROBOŢI
FUTURIST	TEHNOLOGIE
GALAXIE	UTOPIE

13 - Mitologia

```
L A B I R I N T H I R J M C
E M U R I T O R Ţ A Ă N E O
R I F A R H E T I P Z E O M
O E U G E L O Z I E B M D P
U M L W C E U R M I O U E O
N E G M V G C Ă O L I R Z R
C R E A R E M Z Z C N I A T
M F R G T N E B F V I R S A
T O H I Z D R U Ă T C E T M
C U N C U Ă O N P G Ă E R E
L P N S M X I A T N G R U N
M C A E T H N R U Ţ L B I T
J K R P T R A E R V N I C E
E K C U L T U R Ă H V E Q C
```

ARHETIP
GELOZIE
COMPORTAMENT
CREARE
FĂPTURĂ
CULTURĂ
DEZASTRU
TĂRIE
RĂZBOINIC
EROINA

EROU
NEMURIRE
LABIRINT
LEGENDĂ
MAGIC
MONSTRU
MURITOR
FULGER
TUNET
RĂZBUNARE

14 - Medições

```
G E P G M S B L K C G L A D
A R Z R U E O Ă I E B R G U
K A E G R A D Ţ L N G M A R
L F C U J E W I O T Z I D M
V W I N T M T M G I M N Â Î
K L M C M A Z E R M E C N N
Z I A I B Y T E A E T H C Ă
T T L E K N K E M T R Z I L
B R U O M A S Ă Q R U P M Ţ
K U N X M L H S U U S T E I
V A G Ţ V E V Y F B F O P M
F K I Y S X T P V S Ţ N J E
D I M A P Z P R T F Q Ă K U
D P E B H V O L U M I N U T
```

ÎNĂLŢIME	METRU
BYTE	MINUT
CENTIMETRU	UNCIE
LUNGIME	GREUTATE
ZECIMAL	INCH
GRAM	ADÂNCIME
GRAD	KILOGRAM
LĂŢIME	KILOMETRU
LITRU	TONĂ
MASĂ	VOLUM

15 - Plantas

```
K  I  I  P  E  T  A  L  Ă  T  O  H  L  C
W  H  T  A  F  R  J  E  G  U  K  J  Ţ  V
F  L  O  A  R  E  M  Y  B  F  M  F  B  Q
Î  F  Z  E  U  B  H  Y  A  I  U  T  O  X
N  L  H  C  N  B  Ă  T  C  Ș  Ș  L  T  P
G  O  M  Ţ  Z  W  X  E  Ă  M  C  P  A  Q
R  R  F  U  Ă  C  O  P  A  C  H  Ă  N  F
Ă  Ă  Ă  R  B  A  M  B  U  S  I  D  I  A
Ş  W  K  D  U  I  E  D  E  R  Ă  U  C  S
Ă  O  X  Q  I  N  D  U  X  T  H  R  Ă  O
M  Ţ  D  X  I  N  Z  E  Q  H  Q  E  J  L
Â  N  E  X  U  P  Ă  E  Q  Q  T  C  J  E
N  T  Q  R  Ă  D  Ă  C  I  N  Ă  W  K  P
T  W  Y  C  A  C  T  U  S  B  C  K  L  N
```

TUFIȘ   PĂDURE
COPAC   FRUNZĂ
BACĂ   FRUNZE
BAMBUS   IARBĂ
BOTANICĂ   IEDERĂ
CACTUS   GRĂDINĂ
FASOLE   MUȘCHI
ÎNGRĂȘĂMÂNT   PETALĂ
FLOARE   RĂDĂCINĂ
FLORĂ

16 - Veículos

```
R A M B U L A N Ţ Ă J X M O
A A P Ţ D X G M Ţ W S S E E
U L C A M I O N F O C U T M
T H A H R Ţ R B G W U B R O
O B R J E A V I O N T M O T
B W A D H T C A E O E A U O
U B V B A C Ă W Q K R R X R
Z R A A E J K B E N K I Y I
N M N R T G L O O Q P N S P
B A Ă C E L I C O P T E R L
N Ş V Ă A N V E L O P E K U
J I T E B I C I C L E T Ă T
C N P R T F F N A P N E F Ă
H Ă V L Ţ Ă T R A C T O R W
```

AMBULANŢĂ
AVION
BAC
BARCĂ
BICICLETĂ
CAMION
CARAVANĂ
MAŞINĂ
RACHETĂ
ELICOPTER

PLUTĂ
SCUTER
METROU
MOTOR
AUTOBUZ
ANVELOPE
SUBMARIN
TAXI
NAVETĂ
TRACTOR

17 - Restaurante # 2

```
D H M A P Z P G V B P C H S
E O U Ă L M J P W Ă R H V T
L I N G U R Ă J P U Â E X T
I F U R C Ă E Y E T N L C T
C M F X O T R C Ş U Z N E C
I H M R E C O X T R V E K O
O L E G U M E R E Ă V R P N
S T V X Q C J U T A Ţ A A D
U Q A J N I T S Y D Q E Q I
P A W Z W N I L A P Ă Z R M
Ă A G H E A Ţ Ă S L S H M E
Q A P E R I T I V P A B K N
S A R E D K J F M K O T G T
T S C A U N V P Q G O Y Ă E
```

PRÂNZ
APERITIV
APĂ
BĂUTURĂ
TORT
SCAUN
LINGURĂ
DELICIOS
CONDIMENTE
FRUCT

CHELNER
FURCĂ
GHEAŢĂ
CINA
LEGUME
OUĂ
PEŞTE
SARE
SALATĂ
SUPĂ

18 - Países #2

```
P  A  K  I  S  T  A  N  L  N  J  F  A  A
O  D  J  R  U  F  L  Y  L  E  A  R  L  I
X  A  P  L  Y  S  Q  D  M  P  M  A  B  N
G  N  H  A  I  T  I  R  C  A  A  N  A  D
L  E  M  N  S  E  T  R  G  L  I  Ţ  N  O
T  M  O  D  E  M  E  X  I  C  C  A  I  N
O  A  Q  A  S  J  S  T  K  A  A  A  A  E
I  R  B  T  N  A  S  O  M  A  L  I  A  Z
I  C  Y  R  I  P  R  G  R  E  C  I  A  I
L  A  I  A  G  O  G  U  C  R  A  I  N  A
I  A  Y  P  E  N  O  V  S  L  E  H  Z  U
B  C  O  Ţ  R  I  U  R  Q  I  E  U  Ţ  D
A  C  Ţ  S  I  A  T  M  U  G  A  N  D  A
N  V  K  Q  A  G  L  P  P  M  M  I  D  Ţ
```

ALBANIA	LIBAN
DANEMARCA	MEXIC
FRANŢA	NEPAL
GRECIA	NIGERIA
HAITI	PAKISTAN
INDONEZIA	RUSIA
IRLANDA	SIRIA
JAMAICA	SOMALIA
JAPONIA	UCRAINA
LAOS	UGANDA

19 - Cozinha

```
P  G  B  O  R  C  A  N  U  E  F  C  R  V
C  O  R  E  Ş  O  R  Ţ  F  O  R  B  X  K
U  C  L  Ă  Ţ  H  U  C  U  Ţ  I  T  E  A
P  B  J  O  T  I  J  D  R  E  G  A  C  A
T  U  Z  J  N  A  Ş  J  C  W  I  K  E  L
O  R  U  Q  G  I  R  O  I  E  D  W  A  I
R  E  W  F  D  S  C  P  A  K  E  A  I  N
P  T  C  A  S  T  R  O  N  R  R  U  N  G
Ş  E  R  V  E  Ţ  E  L  G  D  E  L  I  U
C  O  N  D  I  M  E  N  T  E  Ţ  C  C  R
U  N  Y  I  V  G  F  Q  R  O  E  I  J  I
P  V  G  C  O  N  G  E  L  A  T  O  R  H
E  B  H  Ţ  Ţ  E  V  W  M  E  Ă  R  U  X
Q  R  G  K  Z  L  S  E  Y  J  Z  K  U  G
```

ŞORŢ	FURCI
CEAINIC	FRIGIDER
LINGURI	GRĂTAR
POLONIC	ŞERVEŢEL
CUPE	BORCAN
CONDIMENTE	ULCIOR
BURETE	BEŢIŞOARE
CUŢITE	REŢETĂ
CUPTOR	CASTRON
CONGELATOR	

20 - Brinquedos

```
F  N  R  T  O  B  E  B  T  P  N  L  Ţ  E
A  V  O  P  S  E  L  E  Ţ  Ă  Z  D  U  Y
V  Ţ  B  C  A  B  I  Y  C  P  B  Ţ  Ţ  T
O  M  O  M  E  Ş  T  E  Ş  U  G  U  R  I
R  A  T  G  E  E  S  Z  N  Ş  H  R  B  A
I  Ș  E  J  O  C  U  R  I  Ă  X  U  R  M
T  I  Ș  A  H  T  L  M  B  C  Ţ  J  V  I
Ţ  N  Z  O  I  H  W  E  A  A  V  I  O  N
C  Ă  Q  A  E  P  Y  L  P  M  R  T  D  G
L  Ă  L  O  R  S  T  D  L  I  I  C  L  E
L  J  R  J  L  E  T  Q  W  O  B  Z  Ă  B
C  F  X  Ţ  I  H  U  B  H  N  Q  M  K  Y
I  W  I  L  I  B  I  C  I  C  L  E  T  Ă
P  I  M  A  G  I  N  A  Ţ  I  E  U  W  X
```

LUT

MEŞTEŞUGURI

AVION

BARCĂ

TOBE

BICICLETĂ

MINGE

PĂPUŞĂ

CAMION

MAŞINĂ

FAVORIT

IMAGINAŢIE

JOCURI

CĂRŢI

ZMEU

ROBOT

VOPSELE

ŞAH

21 - Verão

```
C P T I M P L I B E R A W P
A L Ţ E X R V M Y L Ţ E G F
M A R E Q I L Z U Z V O B J
P J X O G E U F T Z T V Z K
I Ă Q E B T F O E Z I A A R
N E Ţ B N E J A R J K C K E
G R Ă D I N Ă O M H B A Ă L
C Ă R Ţ I I U P C I B S C A
S A N D A L E E C U L Ă N X
C Ă L Ă T O R I E P R I R A
K D S F B U C U R I E I E R
S C U F U N D Ă R I T B Ţ E
W M I A R U W Z Q Z A E G C
S T E L E D S K D B K T Y X
```

CAMPING   CĂRŢI
BUCURIE   MARE
PRIETENI   SCUFUNDĂRI
ACASĂ   MUZICĂ
STELE   PLAJĂ
FAMILIE   RELAXARE
GRĂDINĂ   SANDALE
JOCURI   CĂLĂTORIE
TIMP LIBER

22 - Material de Arte

```
F  L  L  J  T  C  P  A  H  Â  R  T  I  E
P  E  R  I  I  U  A  C  C  C  Ţ  A  Ţ  R
W  Y  K  J  G  L  S  U  E  R  W  F  X  X
Q  C  Z  T  E  O  T  A  R  E  I  E  A  K
T  O  G  A  Y  R  E  R  N  A  A  L  U  T
V  X  Ș  B  P  I  L  E  E  T  P  I  I  V
O  Y  A  E  F  Ă  U  L  A  I  A  P  R  C
P  Ţ  R  L  V  Y  R  E  L  V  R  I  O  R
S  C  A  U  N  A  I  K  Ă  I  A  C  E  E
E  Y  D  L  M  F  L  Z  Y  T  T  I  X  I
L  X  I  E  U  X  G  E  A  A  F  V  J  O
E  J  E  I  J  D  R  L  T  T  O  B  A  A
C  Ă  R  B  U  N  E  P  F  E  T  C  B  N
Y  A  Ă  K  Ţ  Q  T  Y  V  Ţ  O  X  M  E
```

ACRILIC	CULORI
RADIERĂ	CREATIVITATE
ACUARELE	PERII
LUT	CREIOANE
APĂ	TABEL
SCAUN	ULEI
CĂRBUNE	HÂRTIE
ȘEVALET	PASTELURI
APARAT FOTO	CERNEALĂ
LIPICI	VOPSELE

23 - Números

```
N  Ș  J  U  B  Q  R  W  T  S  Z  M  O  Ț
S  O  A  D  O  I  S  P  R  E  Z  E  C  E
Ș  A  U  P  G  I  B  G  E  I  Y  F  Y  P
O  A  V  Ă  T  K  E  Z  I  Z  E  C  E  A
P  M  I  X  K  E  D  O  U  Ă  Z  E  C  I
T  G  K  S  O  Ț  S  E  U  Ș  J  D  Z  S
S  D  O  I  P  I  P  P  A  T  R  U  P
P  I  S  W  T  R  B  I  R  S  Y  Ț  N  R
R  Ș  A  P  T  E  E  G  J  E  Z  T  U  E
E  Z  E  R  O  Z  G  Z  U  U  Z  H  R  Z
Z  Z  E  C  I  M  A  L  E  R  S  E  U  E
E  E  I  E  O  R  N  Z  F  C  C  S  C  C
C  I  N  C  I  Ț  U  J  C  W  E  N  Z  E
E  C  I  N  C  I  S  P  R  E  Z  E  C  E
```

CINCI	PAISPREZECE
ZECIMAL	PATRU
ZECE	CINCISPREZECE
ȘAISPREZECE	ȘASE
ȘAPTESPREZECE	ȘAPTE
OPTSPREZECE	TREI
DOI	UNU
DOISPREZECE	DOUĂZECI
NOUĂ	ZERO
OPT	

24 - Especiarias

```
A  T  C  L  Ș  O  F  R  A  N  A  C  A  N
M  N  B  E  O  C  R  Q  M  R  N  O  S  R
A  U  W  M  C  U  R  R  Y  J  A  R  C  U
R  C  A  N  E  F  U  P  E  R  S  I  O  S
C  Ș  R  D  A  T  E  L  W  I  O  A  R  T
H  O  O  U  P  G  A  N  G  N  N  N  Ț  U
I  A  M  L  Ă  H  H  I  I  E  K  D  I  R
M  R  Ă  C  P  I  P  E  R  C  U  R  Ș  O
I  Ă  W  E  Y  M  L  W  M  S  U  U  O  I
O  N  Q  U  J  B  N  E  L  A  K  L  A  D
N  R  V  A  N  I  L  I  E  R  M  I  R  P
Q  H  Q  A  Ț  R  Z  E  W  E  C  F  Ă  W
C  A  R  D  A  M  O  M  Ț  U  Ț  S  S  M
O  H  W  P  I  N  H  Ț  H  D  U  L  C  E
```

ȘOFRAN	CEAPĂ
LEMN DULCE	CORIANDRU
USTUROI	CHIMION
AMAR	DULCE
ANASON	FENICUL
ACRU	GHIMBIR
VANILIE	NUCȘOARĂ
SCORȚIȘOARĂ	PIPER
CARDAMOM	AROMĂ
CURRY	SARE

25 - Aniversário

```
G E U C A L E N D A R I R B
X X Q R Â Z I N G N T N D G
T Q C Z S N Ţ K L G I V P F
D V T I M P T I N E R I I E
S P E C I A L E X N H T Z R
L R Y S Ţ Z Y X C Ă Z A L I
C I K C E S N S N S E Ţ C C
G E V A S L R Z S C M I A I
V T X Y N T E B W U I I R T
F E F S E X S N M T T U D B
O N Y R N Y Y T C A D O U T
Q I C E L E B R A R E Z R P
Î N Ţ E L E P C I U N E I T
L U M Â N Ă R I G Ţ N L J C
```

VESEL	ZI
PRIETENI	CADOU
AN	SPECIAL
TORT	FERICIT
CALENDAR	TINERI
CÂNTEC	NĂSCUT
CARDURI	ÎNȚELEPCIUNE
CELEBRARE	TIMP
INVITAȚII	LUMÂNĂRI

26 - Casa

```
F  O  Z  D  Q  C  B  P  E  R  D  E  L  E
M  E  Z  S  D  R  A  O  G  L  I  N  D  Ă
C  I  R  D  U  Ș  M  M  W  P  X  M  R  V
E  P  V  E  C  H  E  I  E  Y  O  A  O  J
P  B  U  I  A  C  E  L  Y  R  G  N  B  B
C  E  U  C  D  S  N  O  B  B  Ă  S  I  J
Ț  M  R  Z  W  W  T  R  U  Ș  Ă  A  N  S
G  Ă  A  E  T  B  A  R  C  F  Y  R  E  C
R  T  L  V  T  L  V  A  Ă  W  E  D  T  O
Ă  U  Y  S  V  E  A  J  T  E  S  Ă  K  V
D  R  B  A  A  R  N  C  Ă  Y  K  Y  D  O
I  Ă  L  J  T  Z  N  T  R  G  A  R  D  R
N  O  J  P  R  M  O  B  I  L  I  E  R  Q
Ă  T  W  J  Ă  Q  A  X  E  G  A  R  A  J
```

GARD	MOBILIER
CHEI	PERETE
DUȘ	UȘĂ
PERDELE	CAMERĂ
BUCĂTĂRIE	MANSARDĂ
OGLINDĂ	COVOR
GARAJ	TAVAN
FEREASTRĂ	ROBINET
GRĂDINĂ	MĂTURĂ
VATRĂ	

27 - Vegetais

```
N  A  P  N  Ţ  Ţ  Ş  Z  N  Ţ  W  G  D  J
A  N  G  H  I  N  A  R  E  E  H  W  T  S
M  O  R  C  O  V  L  B  E  L  M  S  R  P
P  B  G  X  E  A  O  J  V  I  A  A  P  A
I  Ă  S  K  C  M  T  O  U  N  Z  L  O  N
G  C  T  H  N  G  Ă  P  B  Ă  Ă  A  D  A
H  I  B  R  O  C  C  O  L  I  R  T  O  C
I  U  K  I  U  R  O  Ş  I  E  E  Ă  V  A
M  P  S  D  S  N  C  X  Z  F  V  B  L  R
B  E  M  I  T  Ţ  J  Y  M  M  S  S  E  T
I  R  R  C  U  Q  C  E  A  P  Ă  F  A  O
R  C  A  H  R  I  L  Z  L  M  R  Q  C  F
I  Ă  Ţ  E  O  V  Â  N  Ă  T  Ă  T  M  E
X  N  Q  Z  I  X  Y  F  D  N  Ţ  W  L  Ţ
```

DOVLEAC
ŢELINĂ
ANGHINARE
USTUROI
CARTOF
VÂNĂTĂ
BROCCOLI
CEAPĂ
MORCOV
ŞALOTĂ

CIUPERCĂ
MAZĂRE
SPANAC
GHIMBIR
NAP
RIDICHE
SALATĂ
PĂTRUNJEL
ROŞIE

28 - Exploração

```
O  J  D  P  Î  N  D  E  P  Ă  R  T  A  T
J  B  P  E  E  P  U  I  Z  A  R  E  N  L
A  E  K  R  T  S  Ă  L  B  A  T  I  C  N
H  I  B  I  A  E  P  L  B  G  D  J  P  E
C  F  N  C  G  F  R  I  W  B  D  V  Q  C
E  Ţ  O  O  Y  N  R  M  M  D  Y  A  U  U
A  M  U  L  I  L  B  B  I  T  E  R  E  N
Y  N  O  E  C  U  R  A  J  N  Q  M  S  O
I  W  I  Ţ  S  P  A  Ţ  I  U  A  D  T  S
I  K  O  M  I  W  Y  W  K  J  O  R  Z  C
Ţ  E  Ţ  B  A  E  B  Ţ  D  I  R  O  E  U
R  K  E  C  U  L  T  U  R  I  E  P  J  T
X  Y  F  G  Y  O  E  G  E  Y  Z  Ţ  V  A
D  E  S  C  O  P  E  R  I  R  E  Y  R  Ţ
```

ANIMALE   SPAȚIU
QUEST   EPUIZARE
CURAJ   EMOȚIE
CULTURI   LIMBA
DESCOPERIRE   NOU
NECUNOSCUT   PERICOLE
DETERMINARE   SĂLBATIC
ÎNDEPĂRTAT   TEREN

29 - Balé

```
K C O M P O Z I T O R I A C
Ţ C D D G E S T W A L N P O
C B B A L E R I N Ă P T L R
M S Î N D E M Â N A R E A E
B R D S M U Z I C Ă A N U G
E O Ţ A V O S S A D C S Z R
D X L T Y A R T I A T I E A
T P P O D R W C I Ţ I T L F
E R W R I T M H H L C A S I
H B J I E I L J T E Ă T O E
N N O O F S J U B Y S E L J
I R E P E T I Ţ I E H T O D
C P U B L I C V U H M J R T
Ă Z P C K C G R A Ţ I O S Ă
```

APLAUZE	GRAŢIOS
ARTISTIC	ÎNDEMÂNARE
BALERINĂ	INTENSITATE
COMPOZITOR	MUZICĂ
COREGRAFIE	ORCHESTRĂ
DANSATORI	PRACTICĂ
REPETIŢIE	PUBLIC
STIL	RITM
EXPRESIV	SOLO
GEST	TEHNICĂ

30 - Conservação

```
A  N  N  E  Y  R  I  H  G  W  V  B  U  S
G  H  H  P  Q  E  R  V  A  F  F  C  W  Ă
C  S  N  F  N  D  G  K  O  B  T  I  A  N
R  R  W  W  S  U  F  I  R  V  I  U  P  Ă
E  I  R  C  S  C  X  R  T  Z  E  T  Ă  T
C  V  W  B  S  E  M  E  D  I  U  R  A  A
I  P  O  L  U  A  R  E  V  Y  P  D  D  T
C  L  I  M  A  T  O  A  O  P  E  U  Y  E
L  K  I  Y  W  C  O  O  R  N  S  R  W  Y
A  Y  H  P  P  X  P  O  G  B  T  A  K  J
R  Z  K  O  L  E  Q  Q  A  O  I  B  Q  J
E  C  I  C  L  U  R  Q  N  E  C  I  Y  E
P  L  E  D  U  C  A  Ţ  I  E  I  L  I  G
S  K  D  F  I  R  E  S  C  R  D  Ă  P  K
```

MEDIU	PESTICID
APĂ	POLUARE
CICLU	RECICLARE
CLIMAT	REDUCE
EDUCAŢIE	SĂNĂTATE
HABITAT	DURABILĂ
FIRESC	VERDE
ORGANIC	

31 - Adjetivos #1

```
G  S  M  N  I  A  Ț  Ț  A  S  P  V  Ț  S
Y  E  Î  O  G  N  U  O  B  U  E  A  G  X
N  R  N  V  D  E  I  H  S  B  R  L  O  E
I  I  C  E  J  E  F  L  O  Ț  F  O  W  D
Ț  O  E  Q  R  N  R  Z  L  I  E  R  X  U
W  S  T  C  N  O  C  N  U  R  C  O  Ț  R
S  I  N  C  E  R  S  Q  T  E  T  S  D  R
I  A  D  Q  J  B  A  T  R  A  C  T  I  V
M  R  Ț  E  Z  A  D  M  A  R  E  R  U  C
E  O  G  M  N  Î  N  T  U  N  E  R  I  C
N  M  R  E  Z  T  A  R  T  I  S  T  I  C
S  A  E  E  L  G  I  E  X  O  T  I  C  P
Ț  T  U  R  B  K  A  C  L  F  V  G  F  W
I  M  P  O  R  T  A  N  T  I  G  Z  Ț  T
```

ABSOLUT	SINCER
AROMAT	IDENTIC
ARTISTIC	IMPORTANT
ATRACTIV	ÎNCET
IMENS	MODERN
ÎNTUNERIC	PERFECT
EXOTIC	GREU
SUBȚIRE	SERIOS
GENEROS	VALOROS
MARE	

32 - Insetos

```
F Y O H N M R L B S Y Ț X L
Q L Ă C U S T Ă P U R I C I
Q F U T T F B R U M K T M B
K V E T A F I D Ă X J I O E
A O R F U U D K V A L N L L
E L X T E R M I T Ă H E I U
Ț D B G G N E V I E R M E L
V Â P I Â I O G A N B U O Ă
I R N J N C L L A R V Ă F F
E R C Ț D Ă G R E I E R V Ț
S T G P A G Ă R G Ă R I Ț Ă
P S T D C R A S C D R D L L
E A U X L O Ț X E S V H P K
M A N T I S N D N E M C K F
```

ALBINĂ
GÂNDAC
FLUTURE
GREIER
TERMITĂ
FURNICĂ
LĂCUSTĂ
GĂRGĂRIȚĂ
LARVĂ

LIBELULĂ
MANTIS
MOLIE
VIERME
ȚÂNȚAR
PURICI
AFIDĂ
VIESPE

33 - Paisagens

```
P  T  U  N  D  R  Ă  T  J  P  A  L  C  G
V  L  U  W  K  N  V  Q  B  E  I  K  G  C
Z  C  A  S  C  A  D  Ă  N  N  S  D  V  J
I  J  K  J  O  C  E  A  N  I  B  D  U  T
M  T  B  X  Ă  C  A  M  K  N  E  E  L  L
J  C  I  U  M  D  L  H  G  S  R  Ș  C  H
Q  P  L  A  L  M  A  R  E  U  G  E  A  J
G  H  E  Ț  A  R  I  O  I  L  U  R  N  U
O  O  F  L  Ș  U  L  B  J  Ă  L  T  S  Y
V  A  L  E  T  M  S  B  Q  M  U  N  T  E
F  R  Z  F  I  N  S  U  L  Ă  O  R  O  H
Q  L  Q  Ă  N  R  W  F  O  Y  K  Ț  J  L
T  J  J  G  Ă  Â  L  O  N  E  Q  U  O  A
H  Q  W  T  P  U  P  E  Ș  T  E  R  Ă  C
```

CASCADĂ	MUNTE
PEȘTERĂ	OAZĂ
DEAL	OCEAN
DEȘERT	MLAȘTINĂ
GHEȚAR	PENINSULĂ
GOLF	PLAJĂ
AISBERG	RÂU
INSULĂ	TUNDRĂ
LAC	VALE
MARE	VULCAN

34 - Dança

```
V F Z N J H B Q D C W N D X
E E Y Z K U A I A U Y J R L
A Z S K Q I C C U L T U R Ă
R G H E D H A I D T P S V C
T E R M L K D C M U O R I O
Ă X P A R T E N E R S X Z R
S P J E Ţ L M F K A T U U E
G R R H T I I I U L U S A G
A E M O Ţ I E Y N H R P L R
T S U L L Y Ţ J I W Ă E E A
W I Z P W K M I Ș C A R E F
B V I C O R P B E R I T M I
A G C L A S I C J P K Z Z E
P J Ă T R A D I Ţ I O N A L
```

ACADEMIE
VESEL
ARTĂ
CLASIC
COREGRAFIE
CORP
CULTURĂ
CULTURAL
EMOŢIE
REPETIŢIE

EXPRESIV
GRAŢIE
MIȘCARE
MUZICĂ
PARTENER
POSTURĂ
RITM
TRADIŢIONAL
VIZUAL

35 - Nutrição

```
C  F  E  R  M  E  N  T  A  Ţ  I  E  Q  G
P  O  J  H  P  I  B  G  A  R  O  M  Ă  L
Q  X  M  Y  I  O  Z  Z  P  S  Y  O  E  U
S  R  I  E  U  F  O  F  E  V  I  L  E  C
C  Ă  Ţ  N  S  Ă  N  Ă  T  A  T  E  C  I
A  A  N  B  O  T  K  F  I  Q  O  P  H  D
L  L  M  Ă  S  D  I  E  T  Ă  X  R  I  E
O  I  T  A  T  V  V  B  T  Z  I  O  L  R
R  C  O  F  R  O  U  M  I  C  N  T  I  R
I  H  X  N  B  R  S  I  R  L  Ă  E  B  H
I  I  N  U  T  R  I  E  N  T  Y  I  R  R
J  D  D  I  G  E  S  T  I  E  O  N  A  Q
T  E  I  W  C  A  L  I  T  A  T  E  T  C
S  L  G  R  E  U  T  A  T  E  T  K  U  B
```

AMAR	SOS
APETIT	NUTRIENT
CALORII	GREUTATE
GLUCIDE	PROTEINE
COMESTIBIL	CALITATE
DIETĂ	AROMĂ
DIGESTIE	SĂNĂTOS
ECHILIBRAT	SĂNĂTATE
FERMENTAŢIE	TOXINĂ
LICHIDE	

36 - Disciplinas Científicas

```
L  T  G  V  N  E  D  D  X  B  L  N  O  M
I  R  E  A  J  C  N  G  K  O  H  E  P  I
N  W  O  R  D  O  R  S  V  T  A  U  S  N
G  H  L  H  M  L  Ț  F  I  A  S  R  I  E
V  B  O  E  C  O  Y  H  Y  N  T  O  H  R
I  I  G  O  A  G  D  K  H  I  R  L  O  A
S  O  I  L  N  I  Y  I  Y  C  O  O  L  L
T  C  E  O  A  E  B  R  N  Ă  N  G  O  O
I  H  H  G  T  Q  F  J  F  A  O  I  G  G
C  I  B  I  O  L  O  G  I  E  M  E  I  I
Ă  M  E  E  M  Z  F  J  Ț  Q  I  I  E  E
T  I  W  W  I  I  I  E  Q  S  E  Ț  C  E
X  E  B  D  E  Y  E  C  M  B  F  Q  F  Ă
I  M  U  N  O  L  O  G  I  E  X  J  Z  B
```

ANATOMIE	IMUNOLOGIE
ARHEOLOGIE	LINGVISTICĂ
ASTRONOMIE	MINERALOGIE
BIOLOGIE	NEUROLOGIE
BIOCHIMIE	PSIHOLOGIE
BOTANICĂ	CHIMIE
ECOLOGIE	TERMODINAMICĂ
GEOLOGIE	

37 - Meditação

```
P  O  S  T  U  R  Ă  J  Y  T  M  T  R  D
G  E  A  C  C  E  P  T  A  R  E  Ă  E  A
C  Y  R  G  T  U  W  X  M  E  N  C  C  Z
O  H  Z  S  C  Z  U  Y  U  A  T  E  U  H
M  B  O  H  P  A  N  M  Z  Z  A  R  N  C
P  I  I  T  A  E  Z  Ţ  I  Z  L  E  O  L
A  H  F  C  C  V  C  E  N  B  A  Ş  A
S  O  C  I  E  U  F  T  Ă  D  T  T  T  R
I  O  N  T  D  I  K  Ţ  I  B  F  E  I  I
U  I  G  Â  N  D  U  R  I  V  V  N  N  T
N  N  A  T  U  R  Ă  R  T  C  Ă  Ţ  Ţ  A
E  E  M  O  Ţ  I  I  A  I  Q  K  I  Ă  T
O  B  S  E  R  V  A  R  E  T  J  E  S  E
N  M  B  U  N  Ă  T  A  T  E  P  Q  B  P
```

ACCEPTARE
TREAZ
ATENȚIE
BUNĂTATE
CLARITATE
COMPASIUNE
EMOȚII
RECUNOȘTINȚĂ
OBICEIURI
MENTAL

MINTE
MUZICĂ
NATURĂ
OBSERVARE
PACE
GÂNDURI
PERSPECTIVĂ
POSTURĂ
TĂCERE

38 - Gatos

```
D  M  Z  L  A  B  Q  Ţ  Ţ  E  O  E  B  L
Z  E  Z  T  I  M  I  D  H  H  S  S  L  S
R  T  P  X  P  T  U  E  Y  I  Ă  G  A  O
C  O  A  D  Ă  Ş  N  Z  N  F  L  E  N  M
O  C  C  U  R  I  O  S  A  N  B  H  Ă  N
A  G  S  K  V  K  K  A  D  N  A  P  B  B
N  H  V  W  O  O  F  I  R  E  T  L  H  U
L  E  C  F  Q  L  R  Y  Y  E  I  J  J  K
Ţ  A  B  A  C  B  Ţ  K  X  N  C  O  E  E
G  R  J  U  C  Ă  U  Ş  N  A  U  E  J  F
V  Ă  H  I  N  D  E  P  E  N  D  E  N  T
V  Â  N  Ă  T  O  R  X  F  Ţ  H  Q  A  L
P  E  R  S  O  N  A  L  I  T  A  T  E  Ţ
R  T  T  G  G  R  J  R  B  L  A  B  A  L
```

JUCĂUŞ	INDEPENDENT
VÂNĂTOR	NEBUN
COADĂ	ŞOARECE
CURIOS	LABA
SOMN	BLANĂ
AMUZANT	PERSONALITATE
FIRE	SĂLBATIC
GHEARĂ	TIMID

39 - Artes Visuais

```
F  P  A  S  C  R  E  I  O  N  L  P  L  C
S  O  R  R  F  O  K  Z  S  J  A  I  C  E
E  R  T  A  G  T  M  F  S  I  C  C  R  R
Z  T  I  O  M  I  N  P  I  V  A  T  E  A
F  R  S  E  G  C  L  S  O  Ţ  R  U  A  M
I  E  T  J  Q  R  P  Ă  O  Z  H  R  T  I
L  T  A  U  C  E  A  R  Ă  N  I  A  I  C
M  K  A  K  V  T  U  F  S  N  T  Ţ  V  Ă
U  P  X  F  C  Ă  Q  D  I  Y  E  T  I  V
P  H  T  C  Ă  R  B  U  N  E  C  F  T  E
V  C  I  Ţ  V  P  I  X  B  T  T  O  A  U
C  A  P  O  D  O  P  E  R  Ă  U  G  T  Z
C  E  Ş  E  V  A  L  E  T  N  R  A  E  V
S  C  U  L  P  T  U  R  Ă  S  Ă  T  B  U
```

ARGILĂ	SCULPTURĂ
ARHITECTURĂ	FILM
ARTIST	FOTOGRAFIE
PIX	CRETĂ
CĂRBUNE	CREION
ȘEVALET	CAPODOPERĂ
CEARĂ	PICTURA
CERAMICĂ	PORTRET
COMPOZIŢIE	LAC
CREATIVITATE	

40 - Instrumentos Musicais

```
M  H  C  E  G  A  S  V  T  C  C  P  O  Y
B  A  N  J  O  C  L  A  R  I  N  E  T  B
J  F  E  M  N  K  S  Ţ  X  A  Ţ  X  F  P
I  J  R  H  G  V  Ţ  V  I  O  A  R  Ă  E
M  U  Z  I  C  U  Ţ  Ă  Ţ  O  F  K  G  R
F  L  A  U  T  T  O  B  Ă  Q  B  O  W  C
A  H  Z  E  R  A  M  Ţ  R  Q  T  O  N  U
G  C  U  B  O  M  A  B  Y  C  R  V  I  Ţ
O  F  A  X  M  B  R  E  B  H  O  S  M  I
T  C  H  R  P  U  I  A  R  I  M  C  S  E
P  I  A  N  E  R  M  X  P  T  B  K  V  R
F  D  R  F  T  I  B  J  Ţ  A  O  D  C  A
T  Q  P  W  Ă  N  A  U  I  R  N  C  P  G
Z  H  Ă  R  F  Ă  M  R  I  Ă  K  L  H  G
```

BANJO	TAMBURINĂ
CLARINET	PERCUŢIE
FAGOT	PIAN
FLAUT	SAXOFON
MUZICUŢĂ	TOBĂ
GONG	TROMBON
HARPĂ	TROMPETĂ
MARIMBA	CHITARĂ
OBOI	VIOARĂ

41 - Escola #1

```
K  B  F  D  M  P  R  I  E  T  E  N  I  M
Ț  I  P  O  M  A  R  K  E  R  I  U  M  A
C  R  E  I  O  N  M  Â  I  L  W  M  P  T
K  O  J  Z  P  C  V  E  N  U  G  E  Y  E
T  U  C  L  M  R  J  U  Q  Z  L  R  H  M
T  H  K  Ă  G  O  O  O  Q  R  I  E  Â  A
T  E  S  T  R  I  S  F  G  W  I  X  R  T
A  E  C  A  V  Ț  T  K  E  Ț  T  O  T  I
L  X  A  L  D  K  I  C  C  S  F  C  I  C
F  A  U  O  Y  W  L  N  Ț  L  O  B  E  Ă
A  M  N  V  N  F  O  L  Z  N  L  R  G  Q
B  E  A  Ț  U  M  U  C  D  O  S  A  R  E
E  N  C  D  G  F  R  G  R  W  L  Ț  Ț  N
T  E  B  I  B  L  I  O  T  E  C  Ă  Ț  S
```

ALFABET	MARKERI
PRÂNZ	MATEMATICĂ
PRIETENI	BIROU
BIBLIOTECĂ	NUMERE
SCAUN	HÂRTIE
STILOURI	DOSARE
EXAMENE	PROFESOR
CREION	TEST
CĂRȚI	

42 - Adjetivos #2

```
R  B  U  N  U  B  A  U  C  C  S  N  H  U
S  D  B  O  Ţ  S  L  U  A  Ţ  D  X  D  Q
Ă  V  W  R  E  T  C  V  T  B  P  E  E  H
N  F  N  M  P  S  U  A  C  E  E  T  S  E
Ă  P  S  A  Z  Z  Q  Q  T  L  N  M  C  S
T  U  R  L  P  X  Y  L  F  E  V  T  R  K
O  R  T  O  S  Ă  R  A  T  G  O  B  I  U
S  D  G  D  D  H  X  Ţ  F  A  L  D  P  C
I  W  E  Y  P  U  T  E  R  N  I  C  T  R
M  Â  N  D  R  U  C  U  Q  T  B  Q  I  E
C  E  L  E  B  R  U  T  A  E  E  A  V  A
T  A  L  E  N  T  A  T  I  Q  O  K  K  T
N  O  U  F  I  R  E  S  C  V  U  L  I  I
R  E  S  P  O  N  S  A  B  I  L  J  U  V
```

AUTENTIC	NOU
CREATIV	MÂNDRU
DESCRIPTIV	PRODUCTIV
TALENTAT	PUR
ELEGANT	RESPONSABIL
CELEBRU	SĂRAT
PUTERNIC	SĂNĂTOS
FIRESC	USCAT
NORMAL	

43 - Roupas

```
M  P  A  N  T  A  L  O  N  I  R  S  S  H
B  Ă  C  O  L  I  E  R  O  B  O  A  K  K
D  M  N  F  P  I  J  A  M  A  C  N  G  V
J  B  C  U  R  E  A  Z  S  O  H  D  B  I
R  C  Y  S  Ș  B  L  U  G  I  I  A  U  Z
W  T  M  T  S  I  O  X  R  U  E  L  A  C
S  X  O  A  Y  A  Ș  O  S  E  T  E  C  A
R  P  D  W  Z  E  C  Ă  M  A  Ş  Ă  C  K
N  U  Ă  B  F  N  S  O  P  A  N  T  O  F
K  L  D  L  Ş  O  R  Ţ  U  V  H  H  Y  R
I  O  B  U  Ă  W  B  R  Ă  Ț  A  R  Ă  C
C  V  B  Z  S  R  C  V  J  C  I  M  P  F
X  E  Y  Ă  B  D  I  E  F  R  N  E  A  Q
I  R  A  F  O  F  P  E  E  B  A  E  F  R
```

ŞORŢ	MĂNUȘI
BLUZĂ	ȘOSETE
PANTALONI	MODĂ
CĂMAŞĂ	PIJAMA
HAINA	BRĂȚARĂ
PĂLĂRIE	FUSTA
CUREA	SANDALE
COLIER	PANTOF
SACOU	PULOVER
BLUGI	ROCHIE

44 - Herbalismo

```
C A L I T A T E C V F A X V
B E N E F I C M O I E O T E
M A G H I R A N R Z N P A R
J L R V P V P T I U I L R D
T B Ț A R O M Ă A D C A H E
I N G R E D I E N T U N O L
G F L O A R E B D Y L T N A
E K H M U S T U R O I Ă Ș V
F Z H A U B U S U I O C O A
K U M T S Ț Z I Z P F I F N
P L Ț V D V J P K S P M R D
V C G R O Z M A R I N B A Ă
O J V G R Ă D I N Ă J R N G
P Ă T R U N J E L G Ț U A X
```

ȘOFRAN	GRĂDINĂ
ROZMARIN	LAVANDĂ
USTUROI	BUSUIOC
AROMAT	MAGHIRAN
BENEFIC	PLANTĂ
CORIANDRU	CALITATE
TARHON	AROMĂ
FLOARE	PĂTRUNJEL
FENICUL	CIMBRU
INGREDIENT	VERDE

45 - Frutas

```
V M B Q T N Q N Ţ P Y M F Ţ
C B R D B Z M E U R Ă N Q Q
P A R Ă A P C C K I W I F Z
U C O X N A D T L Ă M Â I E
A Ă Z Ţ A P U A E K A U G M
A V A N N A V R B P N F R B
N A O R Ă Y D I M C G I V E
A C F C V A R N K Ţ O Z B Ţ
N S I C A I S Ă P Z B K S M
A G D R S D B R L M R Z U Ă
S T X F E Q O J O S R D L R
X J D J N A P I E R S I C Ă
V O I Y K K Ş B H V B Q W O
F S K N D W H Ă I C Z G K X
```

AVOCADO
ANANAS
MURE
BACĂ
BANANĂ
CIREAȘĂ
CAISĂ
FIG
ZMEURĂ

KIWI
LĂMÂIE
MĂR
PAPAYA
MANGO
NECTARINĂ
PARĂ
PIERSICĂ

46 - Corpo Humano

```
M  B  O  T  F  N  C  Q  L  S  T  A  Z  D
I  Y  I  N  I  M  Ă  I  A  F  G  X  O  H
R  O  H  T  G  K  I  Z  I  Q  L  D  U  P
M  C  O  T  G  Y  X  F  W  F  B  A  F  E
N  H  Ţ  Y  L  X  H  X  D  W  Ă  P  F  L
P  I  E  L  E  F  B  Y  V  P  R  I  L  Q
I  Y  K  G  Z  R  V  R  P  S  B  C  A  P
C  C  Ţ  L  N  U  P  D  P  Â  I  I  W  G
F  N  R  C  Ă  N  O  U  E  N  E  O  I  V
D  A  E  E  J  T  U  R  I  G  U  R  Ă  N
Q  S  L  F  I  E  M  E  W  E  E  G  Â  T
Q  Ţ  H  C  U  E  Ă  C  T  J  I  T  X  Y
Y  M  Â  N  Ă  T  R  H  G  C  Q  L  H  K
E  S  E  A  N  J  G  E  N  U  N  C  H  I
```

GURĂ	OCHI
CAP	UMĂR
CREIER	URECHE
INIMĂ	PIELE
COT	PICIOR
DEGET	GÂT
GENUNCHI	BĂRBIE
FALCĂ	SÂNGE
MÂNĂ	FRUNTE
NAS	GLEZNĂ

47 - Restaurante #1

```
T  P  D  F  G  C  O  R  D  X  K  X  U  M
U  Y  R  H  J  A  O  E  Ș  E  O  K  V  E
S  Z  V  G  U  S  D  Z  E  C  S  L  W  N
P  I  C  A  N  T  P  E  R  A  A  E  C  I
Â  N  H  A  C  R  J  R  V  S  O  F  R  U
I  G  E  U  R  O  A  V  E  I  P  A  E  T
N  R  L  R  C  N  L  A  Ț  E  P  R  Ţ  A
E  E  N  S  M  O  E  R  E  R  K  F  E  Z
I  D  E  L  C  B  R  E  L  X  S  U  A  Q
S  I  R  P  U  I  G  L  F  B  Q  R  K  C
E  E  I  Z  Ţ  L  I  S  O  S  D  I  Ţ  Z
K  N  Ț  Ţ  I  R  E  I  R  D  P  E  F  U
K  T  Ă  K  T  B  U  C  Ă  T  Ă  R  I  E
H  E  W  B  P  Ţ  W  E  H  A  T  C  Q  X
```

ALERGIE	INGREDIENTE
CAFEA	MENIU
CASIER	SOS
CARNE	PÂINE
BUCĂTĂRIE	PICANT
CUȚIT	FARFURIE
PUI	REZERVARE
CHELNERIȚĂ	DESERT
ȘERVEȚEL	CASTRON

48 - Caminhada

```
C  I  T  R  C  A  M  P  I  N  G  O  P  G
I  L  S  G  H  I  D  U  R  I  F  A  R  R
Z  T  I  Z  G  O  P  A  N  E  A  Y  E  E
M  S  H  M  Y  V  A  N  N  T  P  P  G  U
E  O  V  A  A  W  R  I  A  I  E  S  Ă  O
H  A  R  T  Ă  T  C  M  T  S  R  T  T  Z
V  R  E  K  S  B  U  A  U  Ă  I  Â  I  T
J  E  M  Y  N  F  R  L  R  L  C  N  R  G
H  W  E  E  N  H  I  E  Ă  B  O  C  E  H
O  R  I  E  N  T  A  R  E  A  L  Ă  A  G
J  V  S  P  O  B  O  S  I  T  E  D  F  E
P  I  E  T  R  E  D  M  F  I  P  L  E  T
L  R  C  Q  E  Ţ  Q  U  I  C  V  H  C  W
H  E  B  S  A  R  B  D  W  C  U  Z  M  N
```

CAMPING	ORIENTARE
ANIMALE	PARCURI
APĂ	PIETRE
CIZME	STÂNCĂ
OBOSIT	PERICOLE
CLIMAT	GREU
GHIDURI	PREGĂTIREA
HARTĂ	SĂLBATIC
MUNTE	SOARE
NATURĂ	VREME

49 - Água

```
I N U N D A Ț I I L T M I T
Z B Y L Î B C M C G C U S P
Ă W L Y N U R H S N G F O D
P V O V G R A H C I F X P E
A W U C H U M I D I T A T E
D U Ș H E R Â U F H X V E B
Ă T E G Ț A A C S U Ț I V F
H U I H Ţ G N A D O S E A F
P D A U A A M N R B N M P G
C L A V A N V A L U R I O H
Z W O L A C Z L I Z O R R E
T I Z A G H E I Z E R I A A
F G N M I I R I G A R E R Ț
L S G J K E O W N Z Z L E Ă
```

CANAL

PLOAIE

DUȘ

EVAPORARE

URAGAN

ÎNGHEȚ

GHEAȚĂ

GHEIZER

INUNDAȚII

IRIGARE

LAC

MUSON

ZĂPADĂ

OCEAN

VALURI

RÂU

UMIDITATE

ABUR

50 - Sons

```
I  D  F  V  R  Â  S  A  Z  U  G  Q  U  U
E  R  Q  X  E  T  I  K  G  J  E  V  N  J
D  S  B  P  Z  Y  M  P  O  E  C  H  M  W
K  D  Y  I  O  V  V  G  M  Ţ  M  K  O  F
O  N  L  P  N  K  U  C  O  N  C  E  R  T
B  Y  X  B  A  T  E  U  T  A  R  E  P  U
L  A  E  S  N  X  O  I  O  F  R  L  W  S
U  A  N  M  T  C  O  R  S  E  C  O  U  E
F  A  Z  V  I  B  R  A  Ţ  I  E  G  Ţ  N
R  L  C  L  O  P  O  T  Q  X  R  Q  G  F
O  N  U  Ș  O  A  P  T  Ă  Ţ  R  E  W  S
J  B  Y  I  V  O  C  I  Y  Q  B  U  N  X
X  E  E  C  E  L  K  O  Q  F  R  K  D  E
Ţ  I  Ţ  B  M  R  M  V  C  A  H  Y  A  B
```

TARE	RÂS
FLUIER	ZGOMOTOS
BATE	CLOPOT
CONCERT	SIRENE
COR	ȘOAPTĂ
ECOU	TUSE
GEME	VIBRAȚIE
REZONANT	VOCI

51 - Ecologia

```
C C L I M A T F I R E S C J
U O Ț Q A L J M A R I N F X
B M P L A N T E K S S J Y F
S U P R A V I E Ț U I R E L
P N F Z O Q Y M H Y A L W O
E I W A N X G L O B A L V R
C T S G U B L A L U W A A Ă
I Ă U F J N P Ș N A T U R Ă
E Ț J N S D Ă T S R E P I J
T I Y V E Z J I Y E E J E Y
H A B I T A T N Ț Q C F T Y
R E S U R S E Ă A N T E A A
D U R A B I L Ă P T S S T U
D I V E R S I T A T E C E Ă
```

CLIMAT	FIRESC
COMUNITĂȚI	NATURĂ
DIVERSITATE	MLAȘTINĂ
SPECIE	PLANTE
FAUNĂ	RESURSE
FLORĂ	SECETĂ
GLOBAL	SUPRAVIEȚUIRE
HABITAT	DURABILĂ
MARIN	VARIETATE

52 - Família

```
A P V Y P V M N Q J P B E W
G S A Y G O R E Z J A A E Y
B M A M Ă T S N P Y D R U V
X U N C H I Z T Z Z T A T Ă
S E N E P O T F R A T E S C
X O O I M B T M C Ă E I O O
Z A Ţ Ţ C S O Ţ U L M S R P
C F I I C A R H O L A O A I
O Y P N E P O A T Ă T W Ş I
P P A T E R N R E B E M U V
I M Ă T U Ş Ă V Ă R R Y J E
L C O P I L Ă R I E N X N T
L R B B D K Q X I B W O P W
W A L O I Ţ U X H J Q A E K
```

STRĂMOŞ	MATERN
BUNICA	MAMĂ
COPIL	NEPOT
COPII	TATĂ
SOŢIE	PATERN
FIICA	VĂR
COPILĂRIE	NEPOATĂ
SORA	MĂTUŞĂ
FRATE	UNCHI
SOŢUL	

53 - Férias #2

```
G  Q  C  O  P  D  I  N  S  U  L  Ă  A  C
W  N  O  M  L  V  A  C  A  N  Ț  Ă  E  S
K  X  R  A  A  V  S  B  T  C  R  K  R  H
F  P  T  R  J  I  S  T  R  Ă  I  N  O  O
C  O  A  E  Ă  Z  E  H  A  R  T  Ă  P  T
A  Ă  T  Ș  U  Ă  V  U  N  E  I  T  O  E
M  R  L  O  A  K  Ț  Ț  S  Z  M  A  R  L
P  B  S  Ă  G  P  D  C  P  E  P  X  T  E
I  P  O  E  T  R  O  W  O  R  L  I  G  M
N  S  W  M  J  O  A  R  R  V  I  N  A  Q
G  I  Ț  I  Y  G  R  F  T  Ă  B  N  Z  K
N  V  C  M  L  T  D  I  I  R  E  C  Q  W
L  K  T  M  N  J  S  N  E  I  R  Y  Ț  Q
Q  K  Y  U  R  E  S  T  A  U  R  A  N  T
```

CAMPING	PAȘAPORT
AEROPORT	PLAJĂ
STRĂIN	REZERVĂRI
VACANȚĂ	RESTAURANT
FOTOGRAFII	TAXI
HOTEL	CORT
INSULĂ	TRANSPORT
TIMP LIBER	CĂLĂTORIE
HARTĂ	VIZĂ
MARE	

54 - Edifícios

```
V S H A M B A R D M O H Q L
V I U W B D R U G P U O B X
H S L P O B S E R V A T O R
H O J Ţ E Ş C O A L Ă E J W
U L A B O R A T O R N L O K
T U R N G V M F A B R I C Ă
Y U D K A M B A S A D Ă A L
S T A D I O N Y R E H J S C
T S P I T A L Ţ O K B Q T I
E J S U C Q G N M G E Z E N
A T G K F O Z U L Z A T L E
T M U Z E U R H U Z I R M M
R F E R M Ă O T Q Y J C A A
U A P A R T A M E N T Q O J
```

APARTAMENT	SPITAL
CASTEL	HOTEL
HAMBAR	LABORATOR
CINEMA	MUZEU
AMBASADĂ	OBSERVATOR
ŞCOALĂ	SUPERMARKET
STADION	TEATRU
FERMĂ	CORT
FABRICĂ	TURN
GARAJ	

55 - Ferramentas de Cozinha

```
C C R Z Y B T L T N J I N Y
F U Q Ţ F D E I A P M D Y Z
O I P I W J R N C F U R C Ă
A E H T A V M G Â F P Ă E P
R U J G O M O U M R N Z C K
F Y D K S R M R U I P Ă E Z
E K K Z T S E Ă R G W T A T
C F M R O P T B I I S O I J
E A B I R A R D L D T A N Y
C A P A C T U S A E B R I V
S P K C Ă U R R J R N E C D
O I R U T L Ţ A Q D R D E C
B Y E Z O Ă N I K K Z Z E R
Ă Ţ M X R E C N T U M T D R
```

CEAINIC
LINGURĂ
SPATULĂ
STORCĂTOR
CUŢIT
SOBĂ
CUPTOR
FURCĂ

FRIGIDER
BLENDER
RĂZĂTOARE
TACÂMURI
CAPAC
TERMOMETRU
FOARFECE

56 - Xadrez

```
D I A G O N A L Ă V V T Q T
P R O V O C Ă R I J O C S U
P E Ţ H U A Y H Q U A Y T R
T G Ţ H T M T E H C D X R N
P I H C W P Y F T Ă V C A E
A N M R Ţ I T T T T E I T U
A Ă K P E O R A Y O R C E M
O V H A D N O E M R S B G N
P U N C T E O N G P A S I V
C O N C U R S E K U R U E G
R E G E M T E G P M L E H X
A Q F Y Z X H R A L B I E Ţ
E W F A M K V U Y M J Y G C
S A C R I F I C I U N V F X
```

ALB	PASIV
CAMPION	PUNCTE
CONCURS	NEGRU
PROVOCĂRI	REGINĂ
DIAGONALĂ	REGULI
STRATEGIE	REGE
JUCĂTOR	SACRIFICIU
JOC	TIMP
ADVERSAR	TURNEU

57 - Aventura

```
O  F  F  K  Z  L  P  B  E  F  N  N  D  I
P  P  Y  M  H  G  R  U  X  R  A  S  I  T
A  R  O  O  H  L  I  C  C  U  V  I  F  I
C  O  E  R  L  O  E  U  U  M  I  G  I  N
T  V  N  G  T  D  T  R  R  U  G  U  C  E
I  O  A  Z  Ă  U  E  I  S  S  A  R  U  R
V  C  T  Y  W  T  N  E  I  E  R  A  L  A
I  Ă  U  B  V  H  I  I  E  Ţ  E  N  T  R
T  R  R  T  R  J  W  R  T  E  O  Ţ  A  O
A  I  Ă  Ţ  Z  H  F  Ş  E  A  A  Ă  T  K
T  K  V  X  M  R  S  A  J  A  T  S  E  E
E  T  F  R  T  B  L  N  O  U  I  E  E  E
E  N  T  U  Z  I  A  S  M  V  S  J  Ţ  L
J  E  L  X  P  G  T  Ă  J  Ţ  X  Z  Z  U
```

BUCURIE
PRIETENI
ACTIVITATE
FRUMUSEŢE
ŞANSĂ
PROVOCĂRI
DIFICULTATE
ENTUZIASM

EXCURSIE
ITINERAR
NATURĂ
NAVIGARE
NOU
OPORTUNITATE
PREGĂTIREA
SIGURANŢĂ

58 - Surf

```
Î  M  E  J  V  V  S  M  K  F  C  V  M  Z
N  N  I  X  K  A  T  G  N  X  W  R  U  L
T  T  C  E  T  L  I  O  C  E  A  N  L  Ț
L  P  M  E  Z  R  L  J  Ț  H  N  S  Ț  Y
T  A  B  J  P  G  E  Y  Q  Ț  W  T  I  R
M  Y  E  O  G  Ă  G  M  M  Q  R  O  M  P
M  I  B  U  I  G  T  Q  A  K  A  M  I  L
P  O  P  U  L  A  R  O  V  T  I  A  V  A
G  C  A  M  P  I  O  N  R  Ă  L  C  V  J
V  R  E  M  E  R  D  A  E  R  K  E  I  Ă
F  H  R  V  U  X  T  Z  C  I  Q  A  T  U
F  K  R  N  K  U  T  Z  I  E  D  O  E  J
V  U  K  Q  F  Y  E  K  F  D  Z  O  Z  D
F  S  P  U  M  Ă  D  J  E  H  R  J  Ă  Z
```

ATLET	OCEAN
CAMPION	VAL
SPUMĂ	POPULAR
STIL	PLAJĂ
STOMAC	ÎNCEPĂTOR
EXTREM	VITEZĂ
TĂRIE	RECIF
MULȚIMI	VREME

59 - Floresta Tropical

```
R  G  G  S  P  E  C  I  E  R  N  O  Ț  X
M  U  Ș  C  H  I  B  N  D  Q  O  I  Y  D
N  A  T  U  R  Ă  L  D  P  Ă  S  Ă  R  I
N  O  R  I  A  M  F  I  B  I  E  N  I  V
I  N  S  E  C  T  E  G  D  S  D  C  K  E
D  H  B  L  Z  G  R  E  S  P  E  C  T  R
U  Y  J  K  Q  J  U  N  G  L  Ă  X  L  S
Z  I  Q  C  O  N  S  E  R  V  A  R  E  I
D  I  D  A  U  C  B  O  T  A  N  I  C  T
Y  A  J  N  J  B  L  V  K  B  X  G  F  A
W  V  C  O  M  U  N  I  T  A  T  E  L  T
M  A  M  I  F  E  R  E  M  F  X  B  W  E
V  C  R  E  S  T  A  U  R  A  R  E  M  X
J  V  R  E  F  U  G  I  U  W  T  R  F  B
```

AMFIBIENI	MUȘCHI
BOTANIC	NATURĂ
CLIMAT	NORI
COMUNITATE	PĂSĂRI
DIVERSITATE	CONSERVARE
SPECIE	REFUGIU
INDIGENE	RESPECT
INSECTE	RESTAURARE
MAMIFERE	JUNGLĂ

60 - Cidade

```
W O K Q I I T E S A L O N G
C M J R E S T A U R A N T A
Ţ T S G R Ş B A P I A Ţ Ă L
H F Q P E C I N E M A C M E
B A N C Ă O B H R H Q L U R
S R L Q X A L W M E Ţ I Z I
U M I D Y L I L A F Z N E E
T A B Ţ F Ă O P R L X I U N
E C R L F Y T K K O V C P D
A I Ă R I Ţ E E E R O A H P
T E R C S V C S T A D I O N
R H I Q D V Ă G I R W E T H
U A E R O P O R T C C D E H
S F Z A B R U T Ă R I E L B
```

AEROPORT
BANCĂ
BIBLIOTECĂ
CINEMA
CLINICA
ŞCOALĂ
STADION
FARMACIE
FLORAR
GALERIE

HOTEL
LIBRĂRIE
PIAŢĂ
MUZEU
BRUTĂRIE
RESTAURANT
SALON
SUPERMARKET
TEATRU

61 - Matemática

```
C V D H T F E X P O N E N T
I P I A R I T M E T I C Ă R
R J A I H D D F R A Z Ă R I
C U M P B R Y L P S U M Ă U
U N E O G E O M E T R I E N
M G T L Z P V B N M Z D X G
F H R I E T O N D X B W G H
E I U G C U L L I S P B I I
R U B O I N U E C U A Ţ I E
I R J N M G M M U G R S R N
N I Q V A H B Q L U A V Y O
Ţ M O S L I N R A A L W P D
Ă E Q S I M E T R I E P S Y
P E R I M E T R U Z L C H Ţ
```

ARITMETICĂ
UNGHIURI
CIRCUMFERINȚĂ
ZECIMAL
DIAMETRU
ECUAȚIE
EXPONENT
GEOMETRIE
PARALEL

PERIMETRU
PERPENDICULAR
POLIGON
RAZĂ
DREPTUNGHI
SIMETRIE
SUMĂ
TRIUNGHI
VOLUM

62 - Natureza

```
S  B  X  Q  D  C  K  R  E  Y  Q  F  R  D
A  R  C  T  I  C  E  L  B  F  S  R  F  I
N  U  E  D  V  I  T  A  L  K  P  U  R  N
C  D  E  Ș  E  R  T  J  Ț  Y  Ă  M  U  A
T  P  A  Ș  N  I  C  Ă  R  Ă  D  U  N  M
U  R  X  X  J  O  A  G  R  Â  U  S  Z  I
A  N  I  M  A  L  E  P  H  S  R  E  E  C
R  X  E  R  O  Z  I  U  N  E  E  Ț  V  Z
A  D  Ă  P  O  S  T  G  D  N  Ț  E  B  U
L  S  Ă  L  B  A  T  I  C  I  N  A  B  U
A  L  B  I  N  E  F  E  P  N  Q  O  R  U
T  R  O  P  I  C  A  L  R  H  H  Ț  R  O
Q  G  S  I  J  D  A  P  A  V  Q  G  G  I
K  C  X  F  M  E  C  C  H  O  A  E  N  O
```

ALBINE	GHEȚAR
ADĂPOST	CEAȚĂ
ANIMALE	NORI
ARCTIC	PAȘNICĂ
FRUMUSEȚE	RÂU
DEȘERT	SANCTUAR
DINAMIC	SĂLBATIC
EROZIUNE	SENIN
PĂDURE	TROPICAL
FRUNZE	VITAL

63 - Preencher

```
C R S T I C L Ă I I E Y D B
S V A L I Z Ă G C G C J T X
P T C P M Y M Ă S E R T A R
T Y S C V Q K L W W N A V M
M U L F V G V E P M K Z Ă V
Q C B N B A P A C H E T C P
M Ţ W K D V L T Z N O G U W
E P Ţ D C D N Ă S Ă H T T U
B U T O I O Ţ L Q H C N I I
C Ţ U Z S S Ş B Q B X I E N
B U Z U N A R A I X T A G O
A N C L Ţ R F Z L J S J O U
L Q V Y I P L I C A J D V L
B O R C A N D N P B I G A R
```

BAZIN	SERTAR
GĂLEATĂ	BORCAN
TAVĂ	VALIZĂ
BUTOI	PACHET
BUZUNAR	DOSAR
CUTIE	SAC
COŞ	TUB
PLIC	VAZĂ
STICLĂ	

64 - Animais de Estimação

```
I  R  I  G  N  Y  K  M  Y  H  R  H  Ţ  Ţ
A  E  H  E  W  M  Y  A  V  A  C  Ă  C  F
Q  H  P  A  P  A  G  A  L  M  Ă  K  T  H
Y  J  P  U  X  R  U  Y  V  S  Ţ  B  H  P
F  G  I  I  R  N  L  B  E  T  E  U  O  E
Z  U  B  Z  S  E  E  F  T  E  L  T  G  Ş
C  A  P  R  Ă  I  R  M  E  R  U  R  J  T
P  U  M  Ș  G  U  C  Ţ  R  D  Ș  N  U  E
P  I  S  O  I  H  E  Ă  I  C  O  A  D  Ă
C  C  F  P  C  W  E  W  N  Â  A  M  T  G
D  T  F  Â  O  U  U  A  A  I  R  A  G  P
N  T  E  R  A  U  L  V  R  N  E  P  E  T
R  R  G  L  H  Ţ  H  Ţ  U  E  C  Ă  G  S
C  G  B  Ă  Z  D  W  A  X  N  E  Ţ  Z  A
```

APĂ   PISICĂ
CAPRĂ   HAMSTER
CĂŢELUȘ   ȘOPÂRLĂ
COADĂ   ȘOARECE
CÂINE   PAPAGAL
IEPURE   PEȘTE
GULER   VACĂ
GHEARE   VETERINAR
PISOI

65 - Escalada

```
S  A  L  T  I  T  U  D  I  N  E  Ț  Y  W
W  T  C  U  R  I  O  Z  I  T  A  T  E  Q
C  H  A  R  T  Ă  A  Î  Q  F  O  E  K  W
X  D  S  B  V  U  P  N  F  M  U  N  R  R
U  O  C  B  I  S  Y  G  I  P  M  P  J  D
Q  N  Ă  D  G  L  L  U  Z  J  Ă  R  N  R
Ț  P  T  V  N  B  I  S  I  S  N  O  Q  U
W  J  E  Z  I  Y  V  T  C  Y  U  V  Q  M
A  M  G  Ș  S  U  J  R  A  N  Ș  O  O  E
E  B  V  L  T  Ț  T  T  U  T  I  C  L  Ț
C  I  Z  M  E  E  Ă  V  E  K  E  Ă  Ț  I
J  G  H  I  D  U  R  I  E  R  C  R  I  I
E  X  P  E  R  T  I  Ă  B  Ț  E  I  U  U
A  T  M  O  S  F  E  R  Ă  C  Q  N  G  A
```

ALTITUDINE	STABILITATE
ATMOSFERĂ	ÎNGUST
CIZME	FIZIC
DRUMEȚII	TĂRIE
CASCĂ	GHIDURI
PEȘTERĂ	MĂNUȘI
CURIOZITATE	HARTĂ
PROVOCĂRI	TEREN
EXPERT	

66 - Aviões

```
S  X  W  N  H  I  D  R  O  G  E  N  A  I
B  Z  G  B  X  E  C  E  R  X  L  G  T  S
U  C  M  J  Q  Î  O  X  B  Y  Q  H  E  T
A  O  K  A  V  E  N  T  U  R  Ă  K  R  O
X  M  O  T  O  R  S  Ă  U  J  A  W  I  R
K  B  V  Y  B  H  T  G  L  Y  L  K  Z  I
B  U  M  F  L  A  R  E  S  Ţ  T  J  A  E
A  S  M  F  P  X  U  T  J  F  I  K  R  P
L  T  D  I  R  E  C  Ţ  I  E  T  M  E  A
O  I  T  O  Q  J  Ţ  J  G  R  U  F  E  S
N  B  X  E  C  H  I  P  A  J  D  T  R  A
Ţ  I  N  H  F  Y  E  C  E  K  I  W  O  G
T  L  C  O  B  O  R  Â  R  E  N  U  L  E
P  I  L  O  T  Z  P  I  O  P  E  S  M  R
```

ALTITUDINE   COBORÂRE
ÎNĂLŢIME   DIRECŢIE
AER   HIDROGEN
ATERIZARE   ISTORIE
AVENTURĂ   UMFLA
BALON   MOTOR
CER   PASAGER
COMBUSTIBIL   PILOT
CONSTRUCŢIE   ECHIPAJ

67 - Tipos de Cabelo

```
I  U  B  U  O  X  I  A  V  S  Ţ  S  W  W
Ţ  B  L  S  Ă  N  Ă  T  O  S  I  O  A  W
F  G  O  C  Î  Q  D  T  X  J  F  J  R  N
Y  N  A  M  D  L  U  C  I  O  S  G  E
M  T  D  T  P  Ţ  C  Y  L  U  N  G  I  G
B  Z  W  N  L  Q  A  Z  O  A  S  R  N  R
U  Ţ  P  Z  E  Î  M  P  L  E  T  I  T  U
C  F  E  V  T  U  E  W  D  C  R  E  T  D
L  Z  M  B  I  G  M  J  O  Z  M  P  F  F
E  P  X  B  T  R  C  O  L  O  R  A  T  E
M  A  R  O  U  O  H  Q  A  V  V  B  L  Y
L  Q  W  H  R  S  E  U  E  L  D  Y  A  B
N  B  K  P  I  M  L  B  U  G  E  O  C  D
S  U  B  Ţ  I  R  E  X  E  H  U  Ţ  H  L
```

ALB	LUNG
LUCIOS	MARO
BUCLE	ONDULAT
CHEL	ARGINT
GRI	NEGRU
COLORATE	SĂNĂTOS
CRET	USCAT
SUBŢIRE	MOALE
GROS	ÎMPLETIT
BLOND	ÎMPLETITURI

68 - Formas

```
L Ț T A C H I P E R B O L Ă
U A R Q O I C U R B Ă A B M
Ț R I A L I L S F E R Ă W I
D V U B Ț W L I O G P H U O
F S N B V H O W N T Ț Z Ț P
L F G K V M Z E O D B M H Ă
B X H O M J I I V P R P L T
M C I A L I N I A R C U U R
M U O S W T P O L I G O N A
C B Y N P P I R A M I D Ă T
C C T R A L E L I P S Ă O Q
C D G L R C I V X S C X T K
D R E P T U N G H I M P U Y
H L I C E R C B O P B Ă B M
```

ARC
COLȚ
CILINDRU
CERC
CON
CUB
CURBĂ
ELIPSĂ
SFERĂ
HIPERBOLĂ

PARTE
LINIA
OVAL
PIRAMIDĂ
POLIGON
PRISMĂ
PĂTRAT
DREPTUNGHI
TRIUNGHI

69 - Dias e Meses

```
N  O  I  E  M  B  R  I  E  A  L  I  B  Y
A  E  Z  J  K  S  Q  P  A  U  U  U  A  F
I  L  L  O  O  S  U  W  O  G  N  L  P  E
D  U  M  I  N  I  C  Ă  R  U  I  I  R  V
M  N  N  I  V  X  K  K  Y  S  O  E  I  I
A  Ă  S  I  Ţ  H  S  M  N  T  J  X  L  N
R  L  Â  V  E  D  E  C  E  M  B  R  I  E
Ţ  Ţ  M  A  O  C  T  O  M  B  R  I  E  R
I  R  B  S  E  P  T  E  M  B  R  I  E  I
A  N  Ă  F  E  B  R  U  A  R  I  E  Ţ  X
F  A  T  H  G  D  D  L  W  V  S  B  C  A
C  Ţ  Ă  I  A  N  U  A  R  I  E  K  Q  I
C  A  L  E  N  D  A  R  G  I  A  Z  U  A
S  Ă  P  T  Ă  M  Â  N  Ă  F  I  Ţ  W  N
```

APRILIE	LUNĂ
AUGUST	NOIEMBRIE
AN	OCTOMBRIE
CALENDAR	JOI
DECEMBRIE	SÂMBĂTĂ
DUMINICĂ	LUNI
FEBRUARIE	SĂPTĂMÂNĂ
IANUARIE	SEPTEMBRIE
IULIE	VINERI
IUNIE	MARŢI

70 - Geografia

```
U M A L T I T U D I N E X A
L Ţ L B E B N R T E G X H M
R Â U F E Ţ P C P O Z X G A
T H O N Y D I J Q Y K C P R
E O B A Ţ P T Y M T K O V E
R E J L A T I T U D I N E L
I L H A R T Ă S N M Ţ T S U
T K K O Ă G L W T E P I T M
O Ţ O R A Ș J A E Y T N Ţ E
R E G I U N E Y S O C E A N
I N S U L Ă Ţ M U N O N P J
U Ţ J T O Y W W D O U T D Y
J H V E M I S F E R Ă T T Q
M E R I D I A N O D M Q L Y
```

ALTITUDINE
ATLAS
ORAȘ
CONTINENT
EMISFERĂ
INSULĂ
LATITUDINE
HARTĂ
MARE
MERIDIAN

MUNTE
LUME
NORD
OCEAN
VEST
ȚARĂ
REGIUNE
RÂU
SUD
TERITORIU

71 - Antártica

```
P  S  J  C  C  O  N  S  E  R  V  A  R  E
X  M  A  I  O  X  T  X  T  L  M  L  P  S
S  D  T  Ț  B  V  K  Ț  N  L  I  M  E  T
G  C  X  A  G  H  E  A  Ț  Ă  N  I  N  Â
C  E  R  C  E  T  Ă  T  O  R  E  G  I  N
O  G  O  V  Ț  X  L  P  M  Q  R  R  N  C
N  H  T  G  I  J  Y  I  E  E  A  A  S  O
T  E  E  F  R  D  L  N  D  Z  L  Ț  U  S
I  Ț  H  A  G  A  E  G  I  G  E  I  L  J
N  A  K  Y  P  G  F  U  U  O  V  E  Ă  Z
E  R  T  N  K  Ă  Q  I  D  L  T  F  D  H
N  I  X  C  I  G  I  N  E  F  V  F  Q  T
T  X  N  M  R  U  C  I  N  S  U  L  E  E
T  E  M  P  E  R  A  T  U  R  A  C  Q  U
```

MEDIU	INSULE
APĂ	CERCETĂTOR
GOLF	MIGRAȚIE
CONSERVARE	MINERALE
CONTINENT	PENINSULĂ
COVE	PINGUINI
GHEȚARI	STÂNCOS
GHEAȚĂ	TEMPERATURA
GEOGRAFIE	

72 - Flores

```
A  I  L  O  I  M  P  Ă  P  Ă  D  I  E  C
T  T  I  X  M  A  D  L  S  V  H  U  L  R
R  O  L  S  F  R  S  B  U  C  H  E  T  I
A  R  I  B  Y  G  Q  O  H  M  H  N  Y  N
N  H  A  U  G  A  T  D  M  P  E  A  T  C
D  I  C  J  A  R  R  R  A  I  N  R  R  K
A  D  D  O  R  E  R  Y  C  F  E  C  I  L
F  E  M  R  D  T  N  M  P  U  O  I  F  A
I  E  K  M  E  Ă  Ţ  P  Ţ  E  G  S  O  V
R  M  A  G  N  O  L  I  E  Q  T  Ă  I  A
E  Ţ  R  H  I  B  I  S  C  U  S  A  Z  N
D  V  N  R  E  L  A  L  E  A  F  Q  L  D
J  Q  X  C  E  F  D  N  A  T  G  I  V  Ă
P  M  M  M  A  J  K  J  E  T  G  Y  J  A
```

BUCHET
PĂPĂDIE
GARDENIE
HIBISCUS
IASOMIE
LAVANDĂ
LILIAC
CRIN
MAGNOLIE
MARGARETĂ

NARCISĂ
ORHIDEE
MAC
BUJOR
PETALĂ
PLUMERIA
TRANDAFIR
TRIFOI
LALEA

73 - Fazenda #1

```
A P K T G O N I O O C T R P
X M O U C A P R Ă J N B H I
N G T R B J V B E D H C G S
C A L M C Â I N E E T E T I
I Â N Ă D P Ţ P K O Y U C C
O E M I E R E U Q Q R A Ţ Ă
A V Ă P P R L I F Â N E Y K
R A G A R D A Y H Y R G Z U
Ă C A L B I N Ă S M I I J T
E Ă R A G R I C U L T U R Ă
Î N G R Ă Ş Ă M Â N T G W Ţ
N D X M U Y R A P Ă P V V Z
S H K C Q I G G N G F Q A H
B F N S T X O C W W Q T B O
```

ALBINĂ	GARD
AGRICULTURĂ	CIOARĂ
OREZ	FÂN
APĂ	ÎNGRĂŞĂMÂNT
VIŢEL	PUI
MĂGAR	PISICĂ
CAPRĂ	MIERE
CÂMP	PORC
CAL	TURMĂ
CÂINE	VACĂ

74 - Livros

```
V  Q  D  P  O  E  Z  I  E  J  X  I  U  N
X  T  S  U  B  P  A  G  I  N  Ă  N  N  A
T  D  U  A  L  I  T  A  T  E  C  V  X  R
T  R  A  G  I  C  W  L  T  R  I  E  J  A
L  I  T  E  R  A  R  I  Q  E  T  N  Q  T
C  O  N  T  E  X  T  Z  A  L  I  T  Q  O
O  A  V  E  N  T  U  R  Ă  E  T  I  S  R
P  O  E  M  H  Y  Y  Q  S  V  O  V  C  W
A  M  W  B  B  J  P  S  W  A  R  Y  R  Q
R  U  M  K  U  U  H  C  D  N  T  J  I  S
I  O  T  Y  P  O  V  E  S  T  E  F  S  E
F  Z  M  O  D  Q  I  S  T  O  R  I  C  R
S  Q  Q  A  R  C  O  L  E  C  Ţ  I  E  I
L  Q  I  W  N  D  U  N  D  T  D  N  L  E
```

AUTOR	CITITOR
AVENTURĂ	LITERAR
COLECŢIE	NARATOR
CONTEXT	PAGINĂ
DUALITATE	POEM
SCRIS	POEZIE
EPIC	RELEVANT
POVESTE	ROMAN
ISTORIC	SERIE
INVENTIV	TRAGIC

75 - Chocolate

```
W  E  A  R  O  M  Ă  C  Y  J  D  U  R  Q
Y  X  M  N  W  E  F  A  W  S  U  E  M  K
N  O  A  I  T  V  A  C  Z  A  H  Ă  R  R
U  T  R  N  C  I  V  A  E  R  Q  G  A  E
C  I  W  G  A  G  O  O  O  A  F  X  D  Z
Ă  C  Ţ  R  L  P  R  X  E  H  P  Q  W  C
D  A  C  E  I  B  I  Ţ  I  I  D  B  T  D
E  L  A  D  T  R  T  U  C  D  U  L  C  E
C  O  R  I  A  E  K  T  U  E  A  Y  E  L
O  R  A  E  T  Ţ  L  W  L  T  M  N  O  I
C  I  M  N  E  E  Q  B  J  G  U  S  T  C
O  I  E  T  T  T  Y  Z  E  R  M  N  F  I
S  P  L  V  M  Ă  M  Y  S  S  X  N  M  O
L  I  C  P  I  Ţ  J  Ţ  X  P  V  W  F  S
```

ZAHĂR
AMAR
ARAHIDE
ANTIOXIDANT
CACAO
CALORII
CARAMEL
NUCĂ DE COCOS
DELICIOS

DULCE
EXOTIC
FAVORIT
GUST
INGREDIENT
CALITATE
REŢETĂ
AROMĂ

76 - Profissões #2

```
P  I  L  O  T  Z  V  K  B  C  F  P  P  A
J  I  N  G  I  N  E  R  I  H  O  I  D  S
F  U  Z  O  O  L  O  G  O  I  T  C  W  T
I  A  R  M  E  D  I  C  L  R  O  T  T  R
L  R  T  N  I  Y  E  Q  O  U  G  O  T  O
O  H  Q  W  A  K  B  N  G  R  R  R  Q  N
Z  M  S  C  D  L  V  G  T  G  A  R  L  A
O  P  X  H  A  U  I  I  A  I  F  P  I  U
F  E  R  M  I  E  R  S  N  V  S  N  N  T
K  I  N  V  E  N  T  A  T  O  R  T  G  Z
F  J  I  L  U  S  T  R  A  T  O  R  V  I
G  R  Ă  D  I  N  A  R  Y  Ţ  Ţ  S  I  F
P  R  O  F  E  S  O  R  D  G  X  W  S  N
K  Z  C  E  R  C  E  T  Ă  T  O  R  T  M
```

FERMIER
ASTRONAUT
BIOLOG
CHIRURG
DENTIST
INGINER
FILOZOF
FOTOGRAF
ILUSTRATOR
INVENTATOR

CERCETĂTOR
GRĂDINAR
JURNALIST
LINGVIST
MEDIC
PILOT
PICTOR
PROFESOR
ZOOLOG

77 - Fazenda #2

```
O X B D J H A Y F V S Ţ X Y
T L M G S T U P X R K V U X
R L U N C Ă P C M L H M X Q
I I D T M X S E L G C X W W
B V F R U C T H U Q F M E X
J A U A U N F E R M I E R H
K D C C L A M Ă M X I H M A
P Ă S T O R A Ţ Ă K Q E Z M
Q L R O Ţ P Y Z I L I A L B
Ţ R D R X O T X S O A I E A
I R I G A R E L P R K P O R
A W R R Z U A K Y Z U W T Ţ
O Y Ţ Â A M M A N I M A L E
F E C U C B Y V E G E T A L
```

FERMIER
ANIMALE
HAMBAR
ORZ
STUP
MIEL
FRUCT
IRIGARE
LAPTE
LAMĂ

COPT
PORUMB
OAIE
PĂSTOR
RAŢĂ
LIVADĂ
LUNCĂ
TRACTOR
GRÂU
VEGETAL

78 - Jardim

```
J G P G H A M A C O P A C R
L D I A R B Ă Ţ R B T N U V
I G A R T E R A S Ă T B Z G
D N Z D E N B N Q D R V A A
F T B N G S O L O P A T Ă Z
B G I U X P Ţ I Ă Q M P Q O
G A F U G R P V J J B Q J N
Y R N L O B G A F I U T E U
H A E C O L X D H Z L N X V
A J R Y Ă A S Ă T Z I U S W
X Q K B F U R T U N N K B T
G R Ă D I N Ă E F V Ă P T B
W D P F B U R U I E N I T D
V E R A N D Ă I Ș C G O L B
```

GREBLĂ	GRĂDINĂ
TUFIȘ	IAZ
COPAC	HAMAC
BANCĂ	FURTUN
GARD	LOPATĂ
BURUIENI	LIVADĂ
FLOARE	SOL
GARAJ	TERASĂ
IARBĂ	TRAMBULINĂ
GAZON	VERANDĂ

79 - Oceano

```
C  G  Q  F  Ţ  A  M  A  R  E  E  M  H  C
D  Q  H  A  N  I  N  A  L  O  F  E  A  O
H  W  W  X  S  R  S  G  T  G  T  D  B  R
W  P  E  Ş  T  E  W  Ţ  H  Y  E  U  I  A
R  C  A  G  R  C  T  Y  T  I  M  Z  Ţ  L
E  N  U  P  I  H  O  G  B  A  L  E  N  Ă
C  Z  G  F  D  I  N  G  U  D  K  Ă  U  O
I  K  V  U  I  N  Ţ  A  U  U  F  R  W  P
F  S  A  R  E  B  U  R  E  T  E  P  F  Ţ
K  L  L  T  C  A  R  A  C  A  T  I  Ţ  Ă
H  X  U  U  A  R  D  E  L  F  I  N  Q  N
Q  N  R  N  H  C  A  Z  G  F  L  A  I  Z
B  E  I  Ă  T  Ă  J  B  N  Q  M  A  O  K
C  R  E  V  E  T  Ă  V  F  M  L  C  X  R
```

ALGE
TON
BALENĂ
BARCĂ
CREVETĂ
CRAB
CORAL
ANGHILĂ
BURETE
DELFIN

MAREE
MEDUZE
VALURI
STRIDIE
PEŞTE
CARACATIȚĂ
RECIF
SARE
FURTUNĂ
RECHIN

80 - Profissões #1

```
M  D  A  N  S  A  T  O  R  G  G  A  I  Q
O  A  R  T  I  S  T  D  D  E  N  S  N  P
B  M  R  J  H  P  Ţ  Q  L  O  V  T  S  B
I  B  D  I  W  U  O  C  L  C  R  T  U
J  A  W  E  N  I  E  M  Y  O  G  O  A  Q
U  S  H  W  Ș  A  K  I  P  G  K  N  L  P
T  A  C  P  U  T  R  Ţ  H  I  F  O  A  S
I  D  R  I  P  X  I  Ţ  V  S  E  M  T  I
E  O  W  A  J  E  U  I  Â  R  D  R  O  H
R  R  X  N  V  D  B  A  N  C  H  E  R  O
M  U  Z  I  C  I  A  N  Ă  Ţ  Q  L  S  L
F  Ţ  M  S  B  T  X  V  T  I  Ă  T  S  O
S  P  B  T  B  O  A  V  O  C  A  T  Q  G
Ţ  E  P  Y  N  R  A  C  R  O  I  T  O  R
```

AVOCAT	EDITOR
CROITOR	AMBASADOR
ARTIST	INSTALATOR
ASTRONOM	GEOLOG
BANCHER	BIJUTIER
POMPIER	MARINAR
VÂNĂTOR	MUZICIAN
OM DE ȘTIINȚĂ	PIANIST
DANSATOR	PSIHOLOG

81 - Castelos

```
R  P  M  C  R  L  I  D  H  D  I  M  X  M
E  E  Ț  F  A  E  W  V  K  J  Z  H  F  G
G  R  H  Z  Y  L  A  R  M  U  R  Ă  O  O
A  E  A  M  W  P  W  P  H  W  V  E  R  W
T  T  P  L  Y  M  F  Q  S  C  U  T  T  J
A  E  C  R  S  A  B  I  E  L  F  C  Ă  P
R  N  A  D  I  N  A  S  T  I  E  O  R  R
I  X  T  U  R  N  B  A  L  A  U  R  E  I
Y  M  A  L  P  O  Ț  H  S  K  D  O  A  N
P  F  P  Ț  U  B  F  E  H  J  A  A  Ț  Ț
A  D  U  E  O  I  D  Ț  S  M  L  N  Ă  D
L  D  L  K  R  L  J  A  A  Ă  J  Ă  C  P
A  C  T  Y  H  I  C  A  V  A  L  E  R  X
T  T  A  U  P  P  U  U  N  I  C  O  R  N
```

ARMURĂ	FORTĂREAȚĂ
CATAPULTA	IMPERIU
CAVALER	NOBIL
CAL	PALAT
COROANĂ	PERETE
DINASTIE	PRINȚESĂ
BALAUR	PRINȚ
SCUT	REGAT
SABIE	TURN
FEUDAL	UNICORN

82 - Escola # 2

```
A  C  B  B  C  P  O  C  O  F  T  V  E  C
C  A  G  A  A  R  K  P  H  K  P  Q  U  R
A  L  C  C  L  O  T  R  A  Â  G  L  Z  E
D  C  Ă  T  E  F  J  O  C  U  R  I  C  I
E  U  R  I  N  E  L  V  Ș  E  A  T  B  O
M  L  Ț  V  D  S  E  I  T  D  M  E  I  N
I  A  I  I  A  O  C  Z  I  U  A  R  B  E
C  T  F  T  R  R  T  I  I  C  T  A  L  O
Z  O  L  Ă  Y  R  U  I  N  A  I  T  I  B
U  R  M  Ț  J  U  R  X  Ț  Ț  C  U  O  E
K  T  T  I  X  C  Ă  Q  Ă  I  Ă  R  T  N
Z  U  Ț  Z  Ț  S  C  J  I  E  D  Ă  E  B
T  G  Q  U  M  A  T  E  M  A  T  I  C  Ă
N  M  W  D  I  C  Ț  I  O  N  A  R  Ă  S
```

ACADEMIC	CREION
ACTIVITĂȚI	LECTURĂ
BIBLIOTECĂ	LITERATURĂ
CALENDAR	CĂRȚI
ȘTIINȚĂ	MATEMATICĂ
CALCULATOR	RUCSAC
DICȚIONAR	HÂRTIE
EDUCAȚIE	PROFESOR
GRAMATICĂ	PROVIZII
JOCURI	

83 - Abelhas

```
D D V G R Ă D I N Ă S U D J
B U I A O I Ţ B M C O K M M
P D W V G Q D E I D A T N H
P I J T E U E N E A R P Ţ A
K L H D T R T E R R E T H F
T E A E Y T S F E K R W B I
I C B N I K T I R Y W T T N
B O I R T I N C T U L G I S
L S T V Ţ E G X E A C G L E
A I A R E G I N Ă F T T M C
R S T V X R Ţ S Z L E E V T
I T T F X S T U P O L E N Ă
P E C U Ţ G C E A R Ă H E K
I M G M W U A W D I R O I T
```

ARIPI	FUM
BENEFIC	HABITAT
CEARĂ	INSECTĂ
STUP	GRĂDINĂ
DIVERSITATE	MIERE
ECOSISTEM	PLANTE
ROI	POLEN
FLORI	REGINĂ
FRUCT	SOARE

84 - Banheiro

```
T E C O W W H E K J B X B W
T Ţ J K U R E B G A A B U R
D U Ș Z O D P H C G I U R S
D J A H U D T X Ţ D E L E B
T R S C V F J Q R P B E T F
L Ș D I T F X Y O R T S E D
O A T P F O V X B O Ţ C R T
Ţ M E W A A A P I S U O T O
I P H F J R X L N O W V M G
U O L E J F F P E P A O O L
N N M T Z E Y U T T P R W I
E U P W G C W B M S Ă P U N
B V P K M E A R Y E U T Y D
Y W K R X O D P K Y I Q B Ă
```

APĂ   PARFUM
TOALETĂ   SĂPUN
BAIE   COVOR
BULE   FOARFECE
DUȘ   PROSOP
OGLINDĂ   ROBINET
BURETE   ABUR
LOŢIUNE   ȘAMPON

85 - Ciência

```
A F Q M L A B O R A T O R O
N A T U R Ă F L P E C Y B R
D P A R T I C U L E A A Ţ G
G T O B S E R V A R E J K A
F R M A Ţ V O E N P N R N
D K A I S M X V T A T F I I
A J E V N M O L E C U L E S
T T V W I E F I Z I C Ă B M
E F O Y M T R I P O T E Z Ă
J O L M J O A A C H I M I C
Q S U P R D C Ţ L O A V C B
D I Ţ C K Ă K X I E Z F K P
C L I M A T F F Y E C S U Q
G Z E O M D E Ș T I I N Ţ Ă
```

ATOM
OM DE ȘTIINȚĂ
CLIMAT
DATE
EVOLUȚIE
FAPT
FIZICĂ
FOSIL
GRAVITAȚIE
IPOTEZĂ

LABORATOR
METODĂ
MINERALE
MOLECULE
NATURĂ
OBSERVARE
ORGANISM
PARTICULE
PLANTE
CHIMIC

86 - Cores

```
F G A L B E N F V G J U M P
W C R I M S O N U D B A B O
Ț M X I C Y A N D C O J D R
S S A Ț E G L G G J S Z Z T
A L B G K S B A U E E I X O
V I O L E T A E U Q P U E C
D U D B A N S I T H I Y L A
O M R L L C T F R G A Y W L
W Z S T W L R A L D I O A I
B I W M C A U E E V E M O U
F I I A F T R H N E G R U I
C Y T R O Ș U I D R D O Z Q
J A S O S G Z C J D O Z P B
B E J J A S V I O E R N O R
```

GALBEN
ALBASTRU
BEJ
ALB
CRIMSON
CYAN
GRI
FUCSIE
PORTOCALIU

MAGENTA
MARO
NEGRU
ROZ
VIOLET
SEPIA
VERDE
ROȘU

87 - Comida #1

```
M  S  V  I  D  J  P  H  F  Y  E  L  F  B
T  O  N  O  R  X  S  A  L  A  T  Ă  R  D
N  I  R  K  B  N  P  A  W  L  P  M  I  O
S  D  Y  C  H  I  A  N  E  B  A  Â  E  M
O  A  M  N  O  E  N  B  U  S  U  I  O  C
M  R  R  C  V  V  A  U  T  U  Q  E  L  Ă
E  X  Z  E  Z  P  C  C  O  P  E  H  A  P
W  X  G  A  Z  N  A  P  R  Ă  E  V  P  Ș
V  Y  M  P  A  V  M  M  T  A  U  J  T  U
G  R  X  Ă  H  A  R  A  H  I  D  Ă  E  N
X  V  M  C  Ă  H  C  A  I  S  Ă  S  F  Ă
U  S  T  U  R  O  I  U  I  O  A  U  U  J
S  C  O  R  Ț  I  Ș  O  A  R  Ă  C  R  P
R  L  W  I  J  Y  D  Ț  C  U  W  V  W  W
```

ZAHĂR	SPANAC
USTUROI	LAPTE
ARAHIDĂ	LĂMÂIE
TON	BUSUIOC
TORT	CĂPȘUNĂ
SCORȚIȘOARĂ	NAP
CEAPĂ	SARE
MORCOV	SALATĂ
ORZ	SUPĂ
CAISĂ	SUC

88 - Pássaros

```
P  V  V  Ț  E  S  I  Q  Y  U  A  P  A  M
E  Z  R  P  L  O  H  H  Ț  U  M  I  Z  Y
S  B  A  A  E  U  Y  B  D  E  K  N  M  V
C  D  Ț  P  B  L  P  S  E  Y  K  G  M  U
Ă  M  Ă  A  Ă  I  I  H  S  T  R  U  Ț  L
R  Y  P  G  D  V  E  C  P  U  I  I  J  T
U  P  C  A  Ă  Z  S  U  A  O  U  N  K  U
Ș  Ă  T  L  G  Â  S  C  Ă  N  S  W  Ț  R
T  U  O  F  L  A  M  I  N  G  O  Q  E  Z
B  N  U  Ț  E  S  U  O  W  B  L  K  D  J
Q  H  C  V  N  D  J  A  A  C  A  I  T  E
X  Q  A  N  S  T  Â  R  C  T  A  R  P  U
P  L  N  V  O  A  T  Ă  P  R  C  P  Z  R
P  O  B  O  V  P  O  R  U  M  B  E  L  Ă
```

STRUȚ	STÂRC
VULTUR	OU
BARZĂ	PAPAGAL
LEBĂDĂ	VRABIE
CIOARĂ	RAȚĂ
CUC	PĂUN
FLAMINGO	PELICAN
PUI	PINGUIN
PESCĂRUȘ	PORUMBEL
GÂSCĂ	TOUCAN

89 - Virtudes #1

```
I E E K S I E F I C I E N T
N M P C L X G E N E R O S W
D O A Z N U D R Q F V K I A
E D S G G B K M F Y Î T K R
P E I Q I U Y E C F N I B T
E S O N N N R C B U C E H I
N T N D T U A Ă C U R I O S
D P A P E X C T M Y E A D T
E R T A L C Q O I K Z U T I
N A X C I W I R F V Ă T F C
T C K I G Y S S Q Q T I W U
L T Z E E G T W I O O L P G
S I T N N F G F E V R F S K
I C B T T A M U Z A N T N Ţ
```

PASIONAT	GENEROS
ARTISTIC	IMAGINATIV
BUN	INDEPENDENT
ÎNCREZĂTOR	INTELIGENT
CURIOS	CURAT
DECISIV	MODEST
EFICIENT	PACIENT
FERMECĂTOR	PRACTIC
AMUZANT	UTIL

90 - Literatura

```
Ț  D  B  I  U  N  B  F  X  B  G  C  Z  O
T  Ț  I  I  P  C  R  I  R  A  H  O  A  B
A  Y  P  A  Z  Ț  I  C  I  N  B  N  U  M
N  K  X  I  L  R  M  Ț  S  A  I  C  T  E
D  A  S  G  T  O  Ă  I  J  L  O  L  O  T
J  W  R  M  R  M  G  U  Z  I  G  U  R  A
I  V  N  A  S  A  Y  N  Y  Z  R  Z  O  F
I  X  V  L  T  N  T  E  M  Ă  A  I  P  O
P  O  E  M  I  O  Z  D  V  R  F  E  I  R
X  Ț  S  N  L  L  R  Q  M  I  I  N  N  Ă
A  N  E  C  D  O  T  Ă  R  T  E  Ț  I  B
D  E  S  C  R  I  E  R  E  M  V  Ț  E  E
C  O  M  P  A  R  A  Ț  I  E  E  W  G  O
P  Y  W  C  J  A  N  A  L  O  G  I  E  Y
```

ANALOGIE	FICȚIUNE
ANALIZĂ	METAFORĂ
ANECDOTĂ	NARATOR
AUTOR	OPINIE
BIOGRAFIE	POEM
COMPARAȚIE	RIMĂ
CONCLUZIE	RITM
DESCRIERE	ROMAN
DIALOG	TEMĂ
STIL	

91 - Clima

```
A N F D I C T F W G P Ț T G
N T M S W E Q U U H G I E H
B R I Z Ă A X X N L J U M E
U S C A T Ț Q A L E G L P A
R M W O Ț Ă K C E R T E E Ț
J U Z P E F A C U C O C R Ă
N S M E G U T U R L R X A L
P O L A R R M R A I N S T E
O N R K O T O C G M A E U W
V Â N T N U S U A A D C R S
J S J A V N F B N T Ă E A A
O L G F Y Ă E E S O G T Z A
U O S M X Ț R U O V H Ă A V
N Ț C D B N Ă K U T N Ț G F
```

CURCUBEU	POLAR
ATMOSFERĂ	FULGER
BRIZĂ	SECETĂ
CER	USCAT
CLIMAT	TEMPERATURA
URAGAN	FURTUNĂ
GHEAȚĂ	TORNADĂ
MUSON	TUNET
CEAȚĂ	VÂNT
NOR	

92 - Tecnologia

```
A  P  A  R  A  T  F  O  T  O  U  O  L  E
M  E  S  A  J  B  F  T  X  V  R  C  T  X
I  X  H  N  E  F  Y  C  T  I  B  A  Y  G
T  N  C  E  R  C  E  T  A  R  E  L  S  C
D  A  T  E  C  R  A  N  E  U  Z  C  O  Q
W  Z  C  E  C  H  W  J  Q  S  Y  U  F  G
C  N  D  S  R  F  I  Ş  I  E  R  L  T  V
U  O  D  F  O  N  T  O  E  C  G  A  W  I
R  X  S  D  J  F  E  Ţ  R  J  S  T  A  R
S  J  A  T  E  A  F  T  B  B  D  O  R  T
O  S  E  C  U  R  I  T  A  T  E  R  E  U
R  S  T  A  T  I  S  T  I  C  I  B  C  A
B  R  O  W  S  E  R  Q  U  J  Y  K  S  L
D  I  G  I  T  A  L  Ţ  F  T  L  S  B  P
```

FIŞIER	INTERNET
BLOG	MESAJ
BYTES	BROWSER
APARAT FOTO	CERCETARE
CALCULATOR	SECURITATE
CURSOR	SOFTWARE
DATE	ECRAN
DIGITAL	VIRTUAL
STATISTICI	VIRUS
FONT	

93 - Arte

```
S U P R A R E A L I S M P O
I I G S X Ţ D A F R I M E R
M E M U B K I T Y M N S R I
P X V B C Y S N S B C Y S G
L P I I O Q P V S F E Y O I
U R Z E M L O B C P R M N N
Q E U C P S Z P U O I C A A
F S A T O I I O L E X R L L
M I L A Z V T R P Z A E A I
A E G D I Ţ I T T I B A X T
K P N F Ţ A E R U E L A C K
Ţ S G I I G C E R A M I C Ă
I P Z J E Q J T Ă W M S U K
C O M P L E X K H T S D A H
```

CERAMICĂ
COMPLEX
COMPOZIŢIE
CREA
SCULPTURĂ
EXPRESIE
SINCER
DISPOZITIE
INSPIRAT

ORIGINAL
PERSONAL
POEZIE
PORTRET
SIMPLU
SIMBOL
SUBIECT
SUPRAREALISM
VIZUAL

94 - Dinossauros

```
A F F C Q I F Y R M A M U T
R L O G O C P Y A S A Ă O L
I E S D U A N S P G K R R Q
P J I H N R D W T X U I E Z
I S L G K N D Ă O R R M O Z
O P E R B I V O R L O E F C
L Ă R D V V I B T Y M A E R
X M I A W O F Ţ Y T N V V E
G Â I V D R H Z T V I I O P
L N H D O Ă I E Y K V C L T
F T P U T E R N I C O I U I
P R E I S T O R I C R O Ţ L
D I S P A R I Ţ I E Z S I Ă
S P E C I E N O R M K F E Ţ
```

ARIPI	MAMUT
CARNIVOR	OMNIVOR
COADĂ	PUTERNIC
DISPARIȚIE	PRADĂ
ENORM	PREISTORIC
SPECIE	RAPTOR
EVOLUȚIE	REPTILĂ
FOSILE	MĂRIMEA
MARE	PĂMÂNT
ERBIVOR	VICIOS

95 - Esportes

```
Ț Q I H H I A C J H J X H J
L D U Ț I Ț N Â U B O O R A
F S V F Ț M I Ș C A R E C R
B I C I C L E T Ă S T C Q B
G L F U P N Ț I T C U H E I
Q O G B H Y V G O H B I R T
H V L N J X T Ă R E A P C R
U T Z F E H A T G T S Ă H U
D Q F E U I H O C H E I N S
A N T R E N O R E X B C M Q
G I M N A S T I C Ă A X M S
C A M P I O N A T X L E P Z
S T A D I O N W A T L E T G
N G Y O T E N I S P G O I C
```

ATLET	GIMNASTICĂ
ARBITRU	GOLF
BASCHET	HOCHEI
BASEBALL	JUCĂTOR
BICICLETĂ	JOC
CAMPIONAT	MIȘCARE
ECHIPĂ	TENIS
STADION	ANTRENOR
CÂȘTIGĂTOR	

96 - Comida # 2

```
C W C A N G H I N A R E B M
I O I U D R D A O U B Ț R T
U Ț O B Z Â W U R X N Ț Â H
P D C Ș R U I R E M N U N X
E X O V U O A T Z I H W Z C
R T L T Â N C M M G P M Ă R
C Y A U T N C C U D K I W I
Ă Y T J E V Ă Ă O A O F R T
U U Ă R W Z R T T L Y V Q I
P E Ș T E W E M Ă Ă I X U R
G O L Y P C I R E A Ș Ă L Ț
O S T R U G U R I B Ț C P M
Q Z X G I B A N A N Ă B O G
O C R F R O Ș I E I R I K P
```

ANGHINARE

MIGDALĂ

OREZ

BANANĂ

VÂNĂTĂ

BROCCOLI

CIREAȘĂ

CIOCOLATĂ

CIUPERCĂ

PUI

IAURT

KIWI

MĂR

OU

PEȘTE

ȘUNCĂ

BRÂNZĂ

ROȘIE

GRÂU

STRUGURI

97 - Barcos

```
P  J  Y  U  E  G  H  U  M  O  T  O  R  V
S  V  Z  V  G  A  S  M  A  R  E  U  Â  A
G  O  W  V  E  V  K  O  R  P  P  P  U  L
G  E  Ţ  L  A  C  A  F  I  B  E  R  R  U
A  C  T  X  M  N  B  B  N  S  A  Ţ  L  R
Z  H  V  V  A  O  C  E  A  N  T  C  V  I
S  I  Y  Y  N  Q  T  O  R  X  N  Ţ  V  H
N  P  F  M  D  J  I  Ţ  R  S  X  Z  P  D
H  A  G  V  U  P  L  U  T  Ă  Q  X  X  O
F  J  U  T  R  I  C  A  T  A  R  G  J  C
D  X  U  T  Ă  F  R  Â  N  G  H  I  E  K
E  I  H  J  I  M  A  R  E  E  A  A  T  L
C  A  I  A  C  C  A  N  O  E  U  H  C  J
Y  N  C  R  I  G  W  I  Q  U  Ţ  T  N  Y
```

ANCORĂ	MARE
BAC	MAREE
GEAMANDURĂ	MARINAR
CAIAC	CATARG
CANOE	MOTOR
FRÂNGHIE	NAUTIC
DOCK	OCEAN
IAHT	VALURI
PLUTĂ	RÂU
LAC	ECHIPAJ

98 - Piratas

```
P A P A G A L L Z M P A G H
Y K U C S F U I Z O E E X U
C Ă P I T A N H O N Ș C H Y
O V E C H S A B I E T H Q E
M V R A U R Ă U T D E I X L
O G I T O C E A N E R P D T
A Ț C R A N C O R Ă Ă A F M
R R O I G I L E Z B P J D S
Ă I L C A V E N T U R Ă X J
C Y S E P G K T S W O V P
Q R F S Ț P E A E O O Q M L
U Y X K N I N S U L Ă R P A
H A R T Ă O D Ț J Ă R F F J
E B T P M J Ă C O W Ț S P Ă
```

AVENTURĂ
ANCORĂ
BUSOLĂ
CĂPITAN
PEȘTERĂ
CICATRICE
SABIE
INSULĂ
LEGENDĂ
HARTĂ

RĂU
MONEDE
OCEAN
AUR
PAPAGAL
PERICOL
PLAJĂ
ROM
COMOARĂ
ECHIPAJ

99 - Mamíferos

```
C  J  B  Q  C  L  E  U  W  Y  P  W  T  U
Ă  Â  M  B  C  A  N  G  U  R  I  X  A  A
M  I  I  O  S  S  S  E  Ţ  L  S  T  U  G
I  E  J  N  A  I  R  T  Q  H  I  G  R  C
L  P  L  Z  E  D  H  E  O  C  C  I  J  F
Ă  U  U  E  H  P  N  N  A  R  Ă  R  V  U
U  R  P  Z  F  V  C  O  I  O  T  A  U  U
Q  E  K  R  H  A  V  K  E  R  T  F  L  N
C  D  B  A  L  E  N  Ă  E  L  U  Ă  P  P
M  A  I  M  U  Ţ  Ă  T  W  V  X  M  E  W
D  U  Z  D  D  E  L  F  I  N  C  A  L  Ţ
Z  E  B  R  Ă  Z  M  K  J  V  F  B  R  L
G  O  R  I  L  Ă  V  D  O  A  K  H  C  F
Ţ  A  C  S  V  Y  C  G  M  B  D  V  Q  S
```

BALENĂ	GIRAFĂ
CĂMILĂ	DELFIN
CANGUR	GORILĂ
CASTOR	LEU
CAL	LUP
CÂINE	MAIMUŢĂ
IEPURE	OAIE
COIOT	VULPE
ELEFANT	TAUR
PISICĂ	ZEBRĂ

100 - Atividades e Lazer

```
Î  D  R  U  M  E  Ț  I  I  C  M  D  S  S
G  N  C  T  K  T  Ţ  Z  W  H  T  A  V  U
B  R  O  R  S  C  A  M  P  I  N  G  P  R
A  E  Ă  T  A  C  C  U  R  S  E  O  X  F
S  L  Z  D  W  N  U  Ţ  S  Ţ  W  L  C  I
E  A  O  N  I  F  Ţ  F  Q  T  A  F  Ă  N
B  X  M  V  Z  N  L  Z  U  E  N  Ţ  L  G
A  A  Z  B  O  X  Ă  K  L  N  R  X  Ă  Y
L  N  J  A  B  Ţ  F  R  W  I  D  S  T  R
L  T  J  S  I  K  O  B  I  S  Z  Ă  O  R
P  E  S  C  U  I  T  Q  L  T  C  J  R  O
R  W  H  H  W  J  B  V  O  L  E  I  I  I
K  N  O  E  B  W  A  R  T  Ă  V  C  E  Y
R  K  T  T  F  G  L  P  I  C  T  U  R  A
```

CAMPING
ARTĂ
BASCHET
BASEBALL
BOX
DRUMEȚII
CURSE
FOTBAL
GOLF
GRĂDINĂRIT

SCUFUNDĂRI
ÎNOT
PESCUIT
PICTURA
RELAXANT
SURFING
TENIS
CĂLĂTORIE
VOLEI

1 - Dirigindo

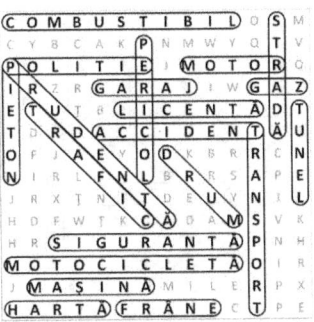

2 - Atividades

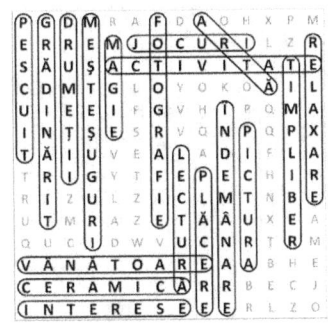

3 - Churrascos

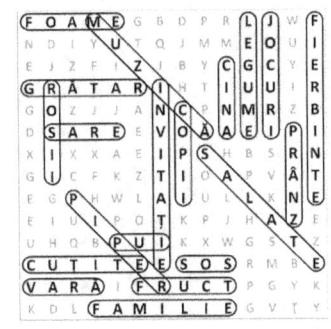

4 - Pesca

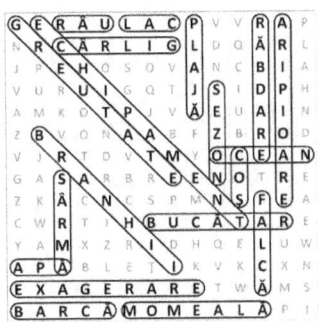

5 - Geologia

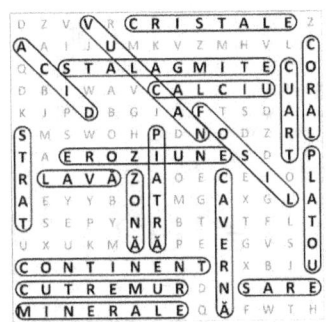

6 - Móveis

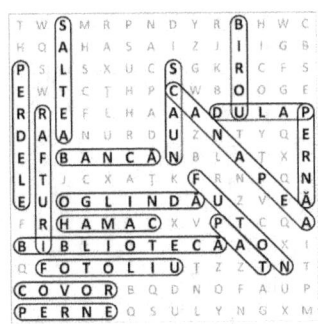

7 - Tempo

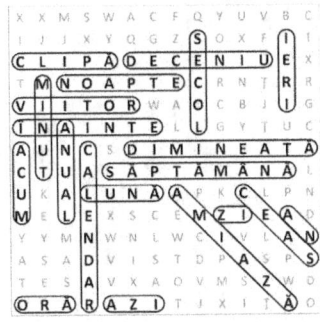

8 - Astronomia

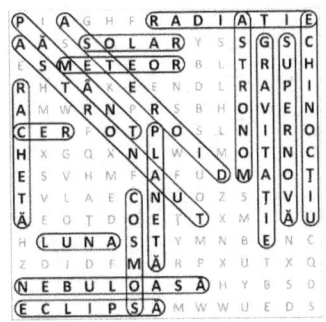

9 - Circo

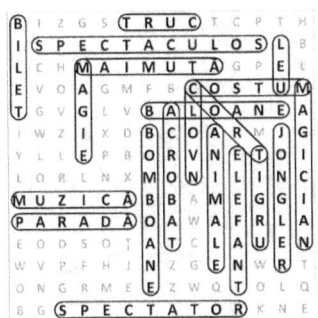

10 - Acampamento

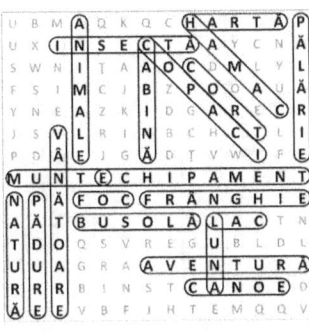

11 - Emoções

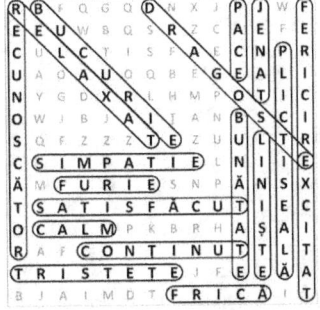

12 - Ficção Científica

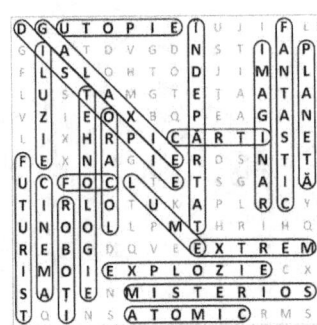

13 - Mitologia

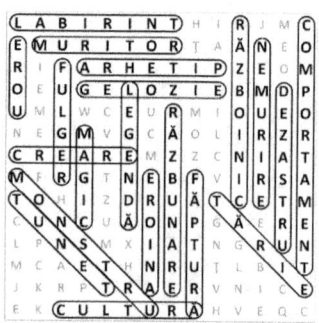

14 - Medições

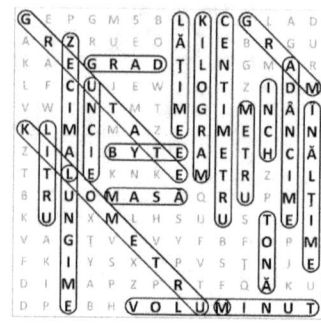

15 - Plantas

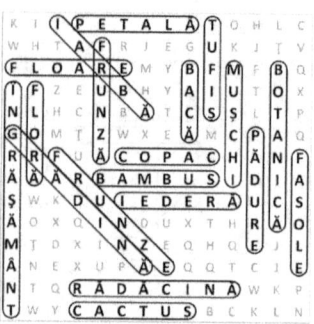

16 - Veículos

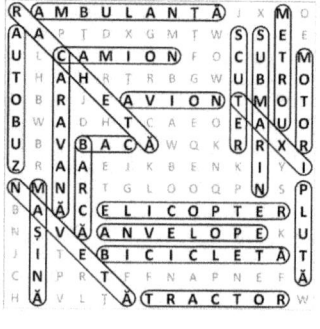

17 - Restaurante # 2

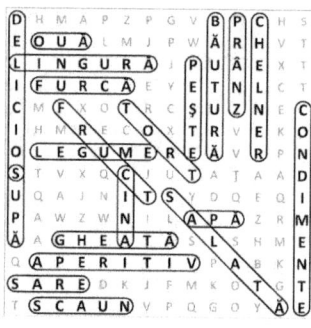

18 - Países #2

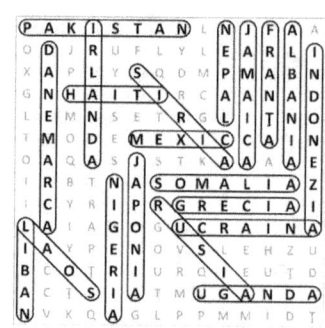

19 - Cozinha

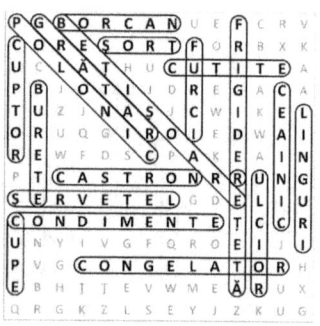

20 - Brinquedos

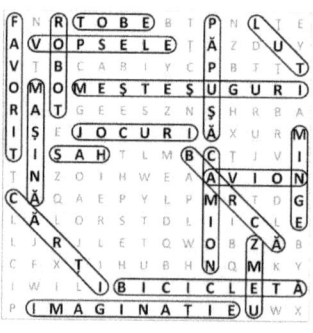

21 - Verão

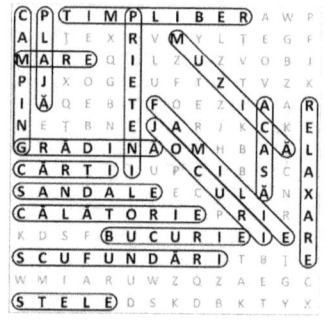

22 - Material de Arte

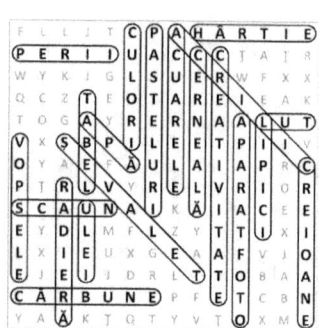

23 - Números

24 - Especiarias

25 - Aniversário

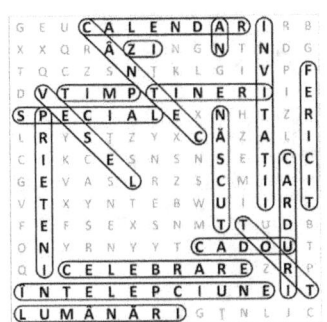

26 - Casa

27 - Vegetais

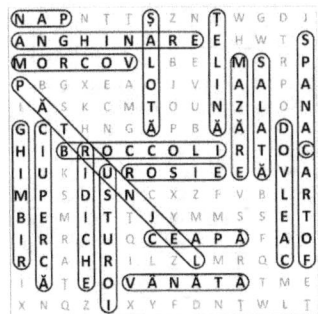

28 - Exploração

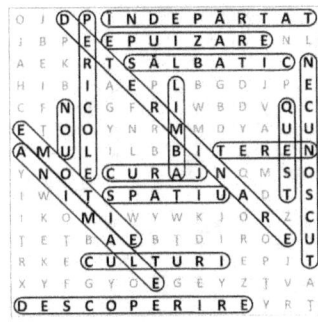

29 - Balé

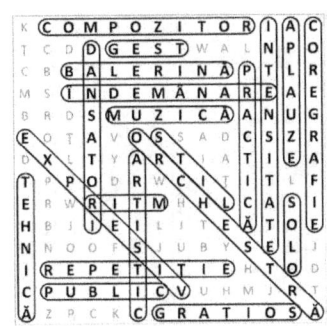

30 - Conservação

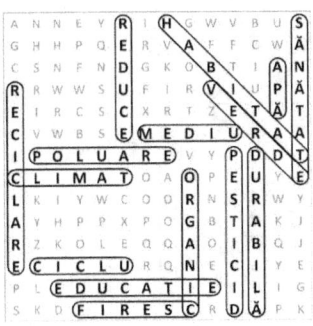

31 - Adjetivos #1

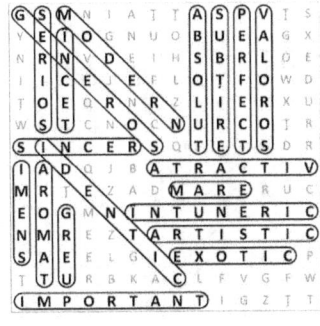

32 - Insetos

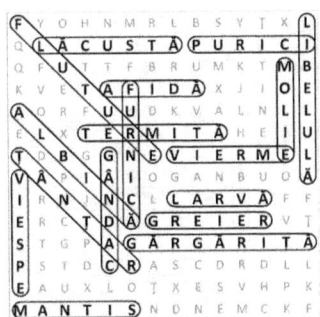

33 - Paisagens

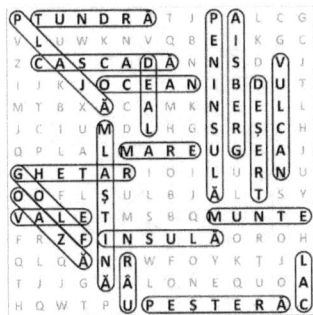

34 - Dança

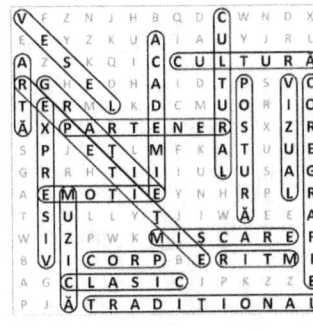

35 - Nutrição

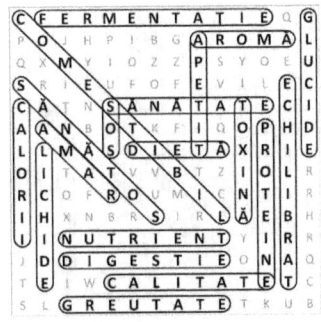

36 - Disciplinas
Científicas

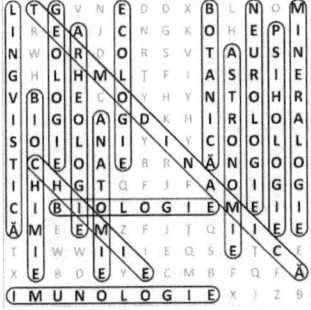

37 - Meditação

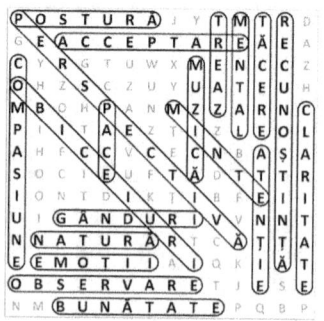

38 - Gatos

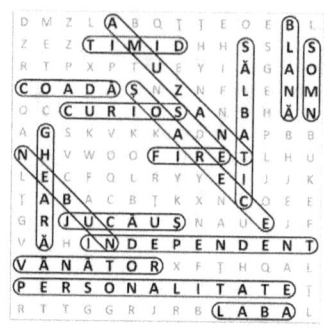

39 - Artes Visuais

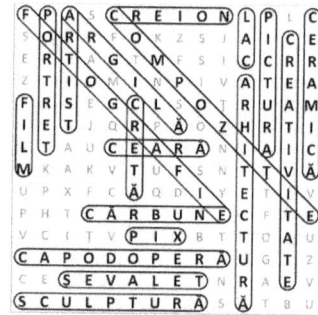

40 - Instrumentos Musicais

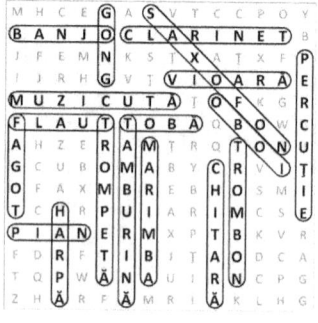

41 - Escola #1

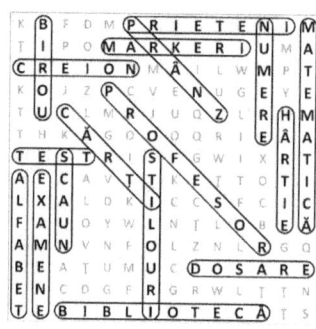

42 - Adjetivos #2

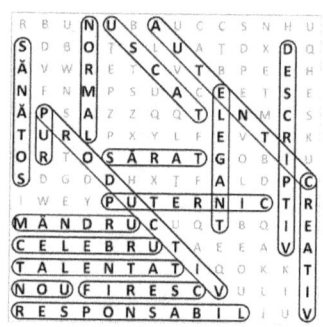

43 - Roupas

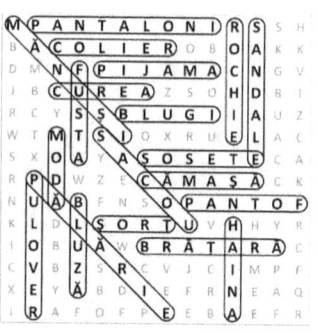

44 - Herbalismo

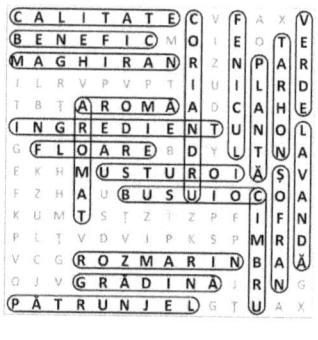

45 - Frutas

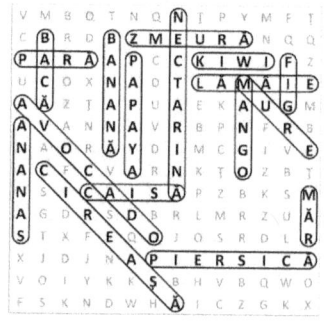

46 - Corpo Humano

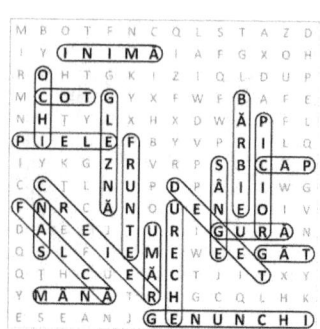

47 - Restaurante #1

48 - Caminhada

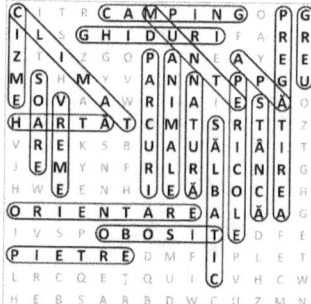

49 - Água

50 - Sons

51 - Ecologia

52 - Família

53 - Férias #2

54 - Edifícios

55 - Ferramentas de Cozinha

56 - Xadrez

57 - Aventura

58 - Surf

59 - Floresta Tropical

60 - Cidade

61 - Matemática

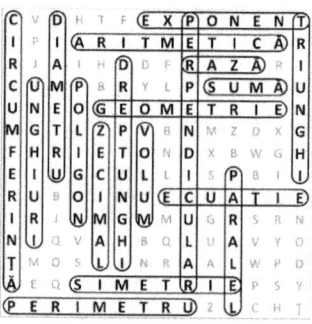

62 - Natureza

63 - Preencher

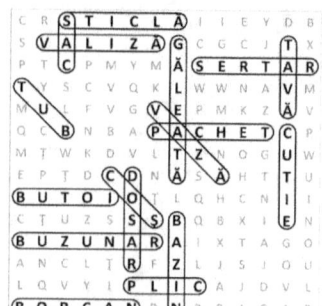

64 - Animais de Estimação

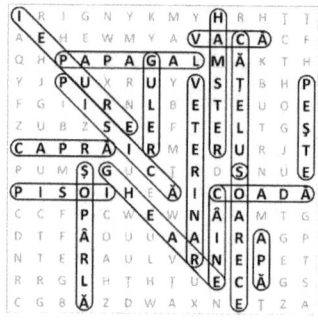

65 - Escalada

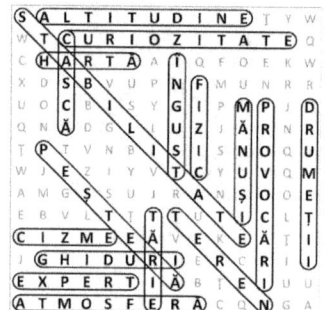

66 - Aviões

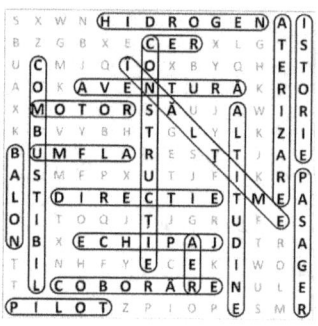

67 - Tipos de Cabelo

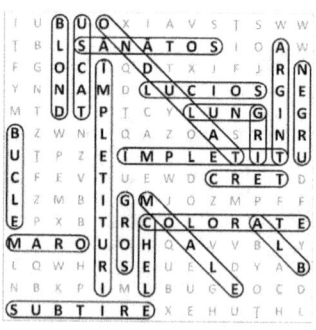

68 - Formas

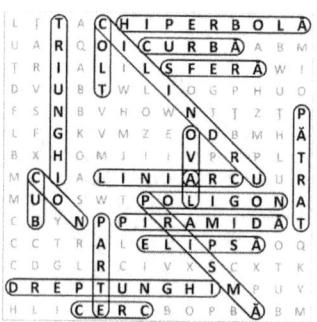

69 - Dias e Meses

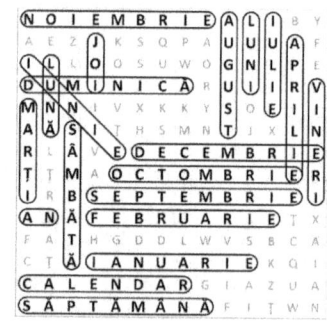

70 - Geografia

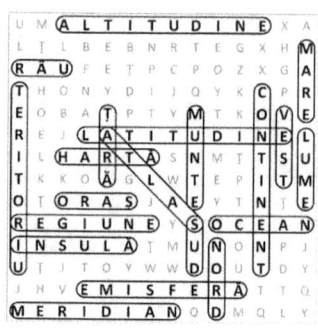

71 - Antártica

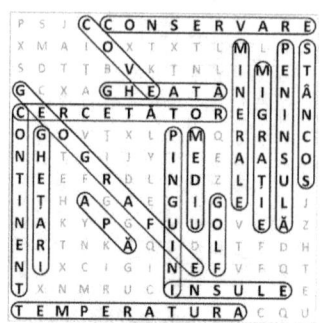

72 - Flores

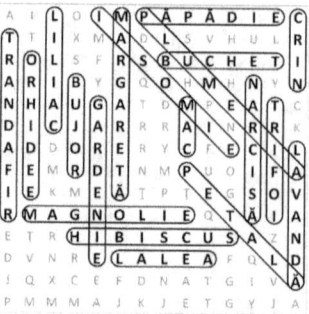

73 - Fazenda #1

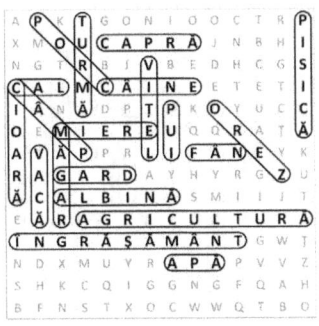

74 - Livros

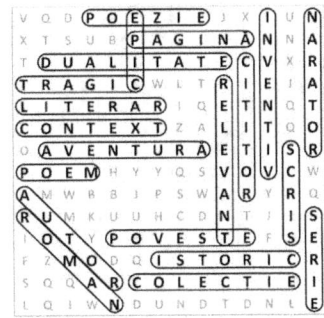

75 - Chocolate

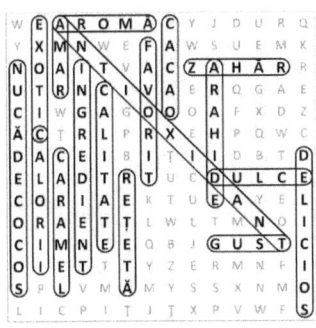

76 - Profissões #2

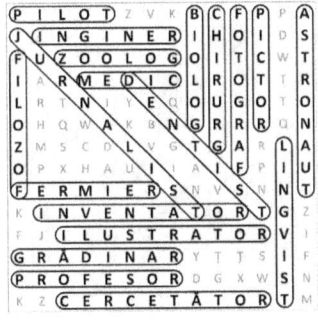

77 - Fazenda #2

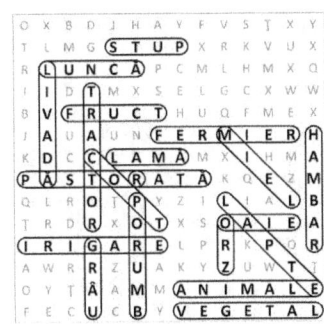

78 - Jardim

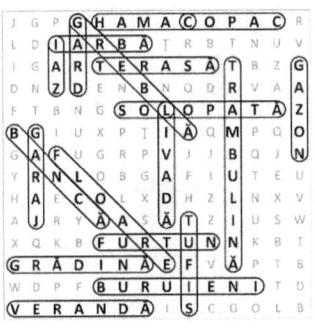

79 - Oceano

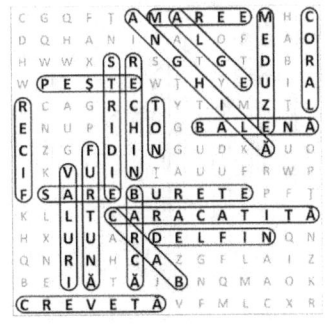

80 - Profissões #1

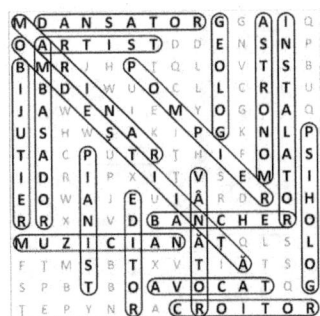

81 - Castelos

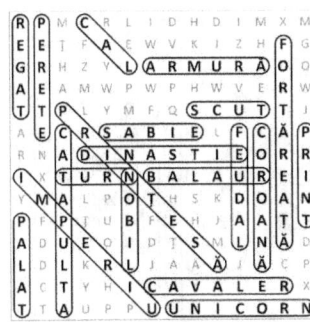

82 - Escola # 2

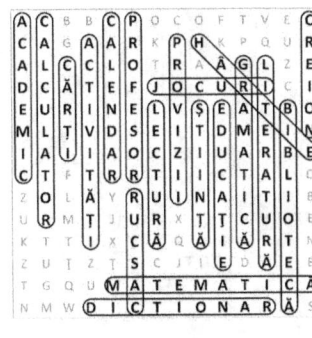

83 - Abelhas

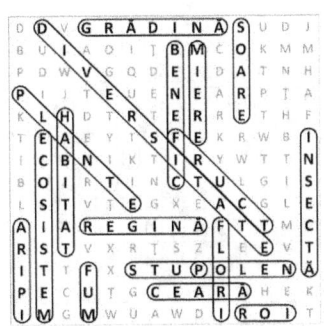

84 - Banheiro

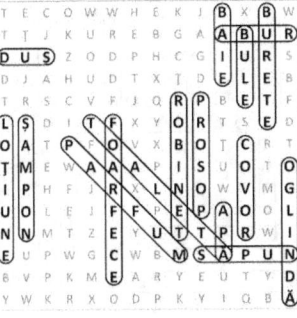

85 - Ciência

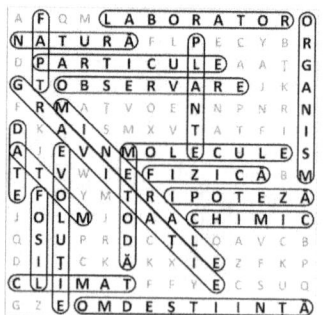

86 - Cores

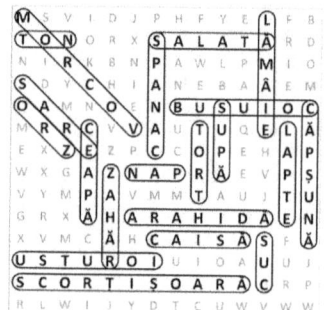

87 - Comida #1

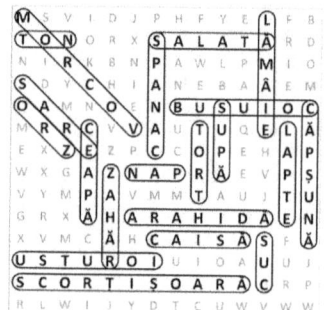

88 - Pássaros

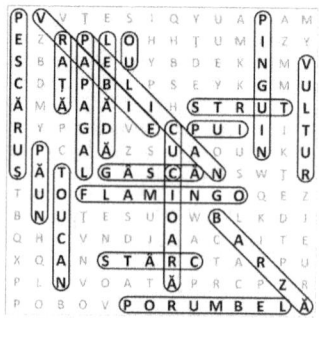

89 - Virtudes #1

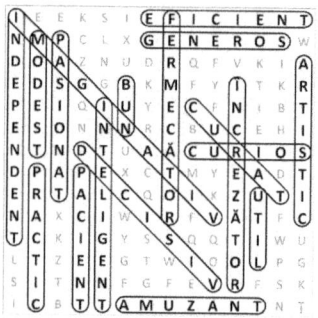

90 - Literatura

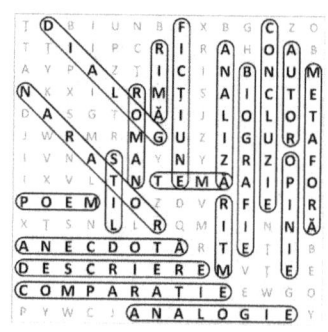

91 - Clima

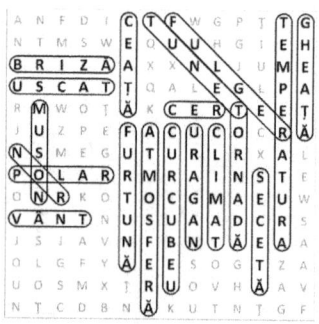

92 - Tecnologia

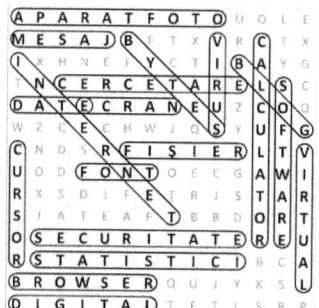

93 - Arte

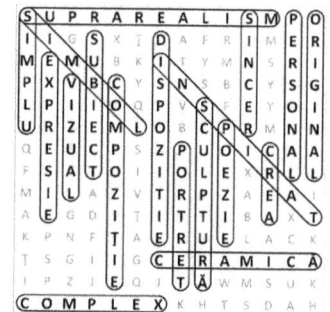

94 - Dinossauros

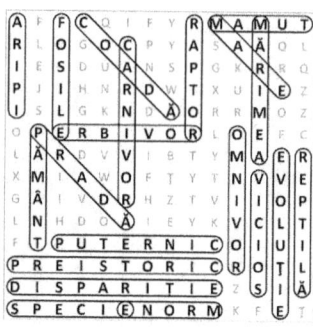

95 - Esportes

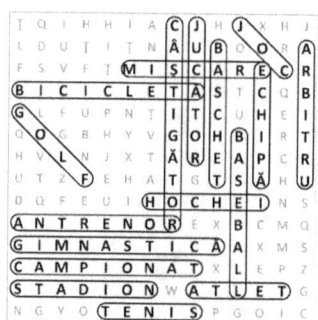

96 - Comida # 2

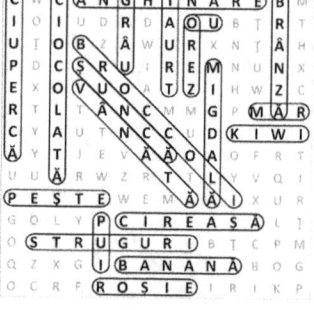

97 - Barcos

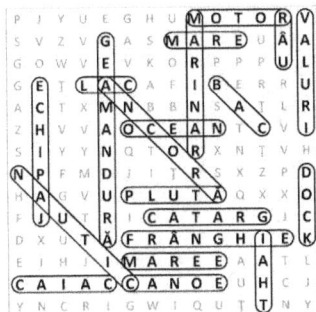

98 - Piratas

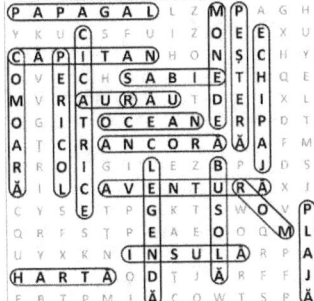

99 - Mamíferos

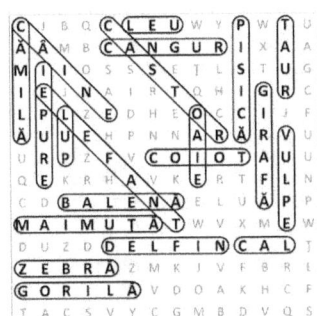

100 - Atividades e Lazer

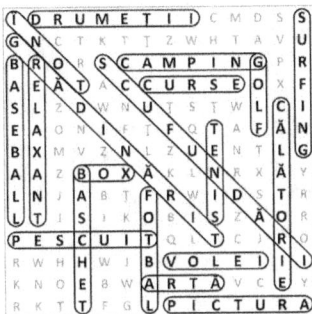

Dicionário

Abelhas
Albinele

Asas	Aripi
Benéfico	Benefic
Cera	Ceară
Colmeia	Stup
Diversidade	Diversitate
Ecossistema	Ecosistem
Enxame	Roi
Flores	Flori
Fruta	Fruct
Fumaça	Fum
Habitat	Habitat
Inseto	Insectă
Jardim	Grădină
Mel	Miere
Plantas	Plante
Pólen	Polen
Rainha	Regină
Sol	Soare

Acampamento
Camping

Animais	Animale
Aventura	Aventură
Árvores	Copaci
Bússola	Busolă
Cabine	Cabină
Caça	Vânătoare
Canoa	Canoe
Chapéu	Pălărie
Corda	Frânghie
Equipamento	Echipament
Floresta	Pădure
Fogo	Foc
Inseto	Insectă
Lago	Lac
Lua	Luna
Maca	Hamac
Mapa	Hartă
Montanha	Munte
Natureza	Natură
Tenda	Cort

Adjetivos #1
Adjective #1

Absoluto	Absolut
Aromático	Aromat
Artístico	Artistic
Atraente	Atractiv
Enorme	Imens
Escuro	Întuneric
Exótico	Exotic
Fino	Subțire
Generoso	Generos
Grande	Mare
Honesto	Sincer
Idêntico	Identic
Importante	Important
Lento	Încet
Misterioso	Misterios
Moderno	Modern
Perfeito	Perfect
Pesado	Greu
Sério	Serios
Valioso	Valoros

Adjetivos #2
Adjective #2

Autêntico	Autentic
Criativo	Creativ
Descritivo	Descriptiv
Dotado	Talentat
Elegante	Elegant
Famoso	Celebru
Forte	Puternic
Interessante	Interesant
Natural	Firesc
Normal	Normal
Novo	Nou
Orgulhoso	Mândru
Produtivo	Productiv
Puro	Pur
Quente	Fierbinte
Responsável	Responsabil
Salgado	Sărat
Saudável	Sănătos
Seco	Uscat
Selvagem	Sălbatic

Animais de Estimação
Animale de Companie

Água	Apă
Cabra	Capră
Cachorro	Cățeluș
Cauda	Coadă
Cão	Câine
Coelho	Iepure
Colarinho	Guler
Garras	Gheare
Gatinho	Pisoi
Gato	Pisică
Hamster	Hamster
Lagarto	Șopârlă
Mouse	Șoarece
Papagaio	Papagal
Peixe	Pește
Vaca	Vacă
Veterinário	Veterinar

Aniversário
Ziua de Nastere

Alegre	Vesel
Amigos	Prieteni
Ano	An
Bolo	Tort
Calendário	Calendar
Canção	Cântec
Cartões	Carduri
Celebração	Celebrare
Convites	Invitații
Dia	Zi
Dom	Cadou
Especial	Special
Feliz	Fericit
Jovem	Tineri
Nascer	Născut
Sabedoria	Înțelepciune
Tempo	Timp
Velas	Lumânări

Antártica
Antarctica

Ambiente	Mediu
Água	Apă
Baía	Golf
Científico	Știinţific
Conservação	Conservare
Continente	Continent
Enseada	Cove
Expedição	Expediţie
Geleiras	Gheţari
Gelo	Gheaţă
Geografia	Geografie
Ilhas	Insule
Investigador	Cercetător
Migração	Migraţie
Minerais	Minerale
Península	Peninsulă
Pinguins	Pinguini
Rochoso	Stâncos
Temperatura	Temperatura
Topografia	Topografie

Arte
Arta

Cerâmica	Ceramică
Complexo	Complex
Composição	Compoziţie
Criar	Crea
Escultura	Sculptură
Expressão	Expresie
Honesto	Sincer
Humor	Dispoziţie
Inspirado	Inspirat
Original	Original
Pessoal	Personal
Poesia	Poezie
Retratar	Portret
Simples	Simplu
Símbolo	Simbol
Sujeito	Subiect
Surrealismo	Suprarealism
Visual	Vizual

Artes Visuais
Arte Vizuale

Argila	Argilă
Arquitetura	Arhitectură
Artista	Artist
Caneta	Pix
Carvão	Cărbune
Cavalete	Șevalet
Cera	Ceară
Cerâmica	Ceramică
Composição	Compoziţie
Criatividade	Creativitate
Escultura	Sculptură
Filme	Film
Fotografia	Fotografie
Giz	Cretă
Lápis	Creion
Obra-Prima	Capodoperă
Perspectiva	Perspectivă
Pintura	Pictura
Retrato	Portret
Verniz	Lac

Astronomia
Astronomie

Asteróide	Asteroid
Astronauta	Astronaut
Astrônomo	Astronom
Céu	Cer
Constelação	Constelaţie
Cosmos	Cosmos
Eclipse	Eclipsă
Equinócio	Echinocţiu
Foguete	Rachetă
Gravidade	Gravitaţie
Lua	Luna
Meteoro	Meteor
Nebulosa	Nebuloasă
Observatório	Observator
Planeta	Planetă
Radiação	Radiaţie
Solar	Solar
Supernova	Supernovă
Terra	Pământ
Universo	Univers

Atividades
Activităţi

Arte	Artă
Artesanato	Meșteșuguri
Atividade	Activitate
Caca	Vânătoare
Caminhada	Drumeţii
Cerâmica	Ceramică
Fotografia	Fotografie
Habilidade	Îndemânare
Interesses	Interese
Jardinagem	Grădinărit
Jogos	Jocuri
Lazer	Timp Liber
Lendo	Lectură
Magia	Magie
Pesca	Pescuit
Pintura	Pictura
Prazer	Plăcere
Relaxamento	Relaxare

Atividades e Lazer
Activităţi şi Timp Liber

Acampamento	Camping
Arte	Artă
Basquete	Baschet
Beisebol	Baseball
Boxe	Box
Caminhada	Drumeţii
Corrida	Curse
Futebol	Fotbal
Golfe	Golf
Jardinagem	Grădinărit
Mergulho	Scufundări
Natação	Înot
Pesca	Pescuit
Pintura	Pictura
Relaxante	Relaxant
Surfe	Surfing
Tênis	Tenis
Viagem	Călătorie
Voleibol	Volei

Aventura
Aventuri

Alegria	Bucurie
Amigos	Prieteni
Atividade	Activitate
Beleza	Frumusețe
Chance	Șansă
Desafios	Provocări
Destino	Destinație
Dificuldade	Dificultate
Entusiasmo	Entuziasm
Excursão	Excursie
Incomum	Neobișnuit
Itinerário	Itinerar
Natureza	Natură
Navegação	Navigare
Novo	Nou
Oportunidade	Oportunitate
Perigoso	Periculos
Preparação	Pregătirea
Segurança	Siguranță
Surpreendente	Surprinzător

Aviões
Avioane

Altitude	Altitudine
Altura	Înălțime
Ar	Aer
Aterrissagem	Aterizare
Atmosfera	Atmosferă
Aventura	Aventură
Balão	Balon
Céu	Cer
Combustível	Combustibil
Construção	Construcție
Descida	Coborâre
Direção	Direcție
Hidrogênio	Hidrogen
História	Istorie
Inflar	Umfla
Motor	Motor
Passageiro	Pasager
Piloto	Pilot
Tripulação	Echipaj
Turbulência	Turbulență

Água
Apă

Canal	Canal
Chuva	Ploaie
Chuveiro	Duș
Evaporação	Evaporare
Furacão	Uragan
Geada	Îngheț
Gelo	Gheață
Geyser	Gheizer
Inundação	Inundații
Irrigação	Irigare
Lago	Lac
Monção	Muson
Neve	Zăpadă
Oceano	Ocean
Ondas	Valuri
Rio	Râu
Umidade	Umiditate
Vapor	Abur

Balé
Balet

Aplauso	Aplauze
Artístico	Artistic
Bailarina	Balerină
Compositor	Compozitor
Coreografia	Coregrafie
Dançarinos	Dansatori
Ensaio	Repetiție
Estilo	Stil
Expressivo	Expresiv
Gesto	Gest
Gracioso	Grațios
Habilidade	Îndemânare
Intensidade	Intensitate
Música	Muzică
Orquestra	Orchestră
Prática	Practică
Público	Public
Ritmo	Ritm
Solo	Solo
Técnica	Tehnică

Banheiro
Baie

Água	Apă
Banheiro	Toaletă
Banho	Baie
Bolhas	Bule
Chuveiro	Duș
Espelho	Oglindă
Esponja	Burete
Loção	Loțiune
Perfume	Parfum
Sabão	Săpun
Tapete	Covor
Tesoura	Foarfece
Toalha	Prosop
Torneira	Robinet
Vapor	Abur
Xampu	Șampon

Barcos
Barci

Âncora	Ancoră
Balsa	Bac
Bóia	Geamandură
Caiaque	Caiac
Canoa	Canoe
Corda	Frânghie
Doca	Dock
Iate	Iaht
Jangada	Plută
Lago	Lac
Mar	Mare
Maré	Maree
Marinheiro	Marinar
Mastro	Catarg
Motor	Motor
Náutico	Nautic
Oceano	Ocean
Ondas	Valuri
Rio	Râu
Tripulação	Echipaj

Brinquedos
Jucării

Argila	Lut
Artesanato	Meşteşuguri
Avião	Avion
Barco	Barcă
Bateria	Tobe
Bicicleta	Bicicletă
Bola	Minge
Boneca	Păpuşă
Caminhão	Camion
Carro	Maşină
Favorito	Favorit
Imaginação	Imaginaţie
Jogos	Jocuri
Livros	Cărţi
Pipa	Zmeu
Robô	Robot
Tintas	Vopsele
Xadrez	Şah

Caminhada
Drumeţii

Acampamento	Camping
Animais	Animale
Água	Apă
Botas	Cizme
Cansado	Obosit
Clima	Climat
Guias	Ghiduri
Mapa	Hartă
Montanha	Munte
Natureza	Natură
Orientação	Orientare
Parques	Parcuri
Pedras	Pietre
Penhasco	Stâncă
Perigos	Pericole
Pesado	Greu
Preparação	Pregătirea
Selvagem	Sălbatic
Sol	Soare
Tempo	Vreme

Casa
Casa

Biblioteca	Bibliotecă
Cerca	Gard
Chaves	Chei
Chuveiro	Duş
Cortinas	Perdele
Cozinha	Bucătărie
Espelho	Oglindă
Garagem	Garaj
Janela	Fereastră
Jardim	Grădină
Lareira	Vatră
Mobiliário	Mobilier
Parede	Perete
Porta	Uşă
Quarto	Cameră
Sótão	Mansardă
Tapete	Covor
Teto	Tavan
Torneira	Robinet
Vassoura	Mătură

Castelos
Castele

Armadura	Armură
Catapulta	Catapulta
Cavaleiro	Cavaler
Cavalo	Cal
Coroa	Coroană
Dinastia	Dinastie
Dragão	Balaur
Escudo	Scut
Espada	Sabie
Feudal	Feudal
Fortaleza	Fortăreaţă
Império	Imperiu
Nobre	Nobil
Palácio	Palat
Parede	Perete
Princesa	Prinţesă
Príncipe	Prinţ
Reino	Regat
Torre	Turn
Unicórnio	Unicorn

Chocolate
Ciocolată

Açúcar	Zahăr
Amargo	Amar
Amendoins	Arahide
Antioxidante	Antioxidant
Cacau	Cacao
Calorias	Calorii
Caramelo	Caramel
Coco	Nucă de Cocos
Delicioso	Delicios
Doce	Dulce
Exótico	Exotic
Favorito	Favorit
Gosto	Gust
Ingrediente	Ingredient
Qualidade	Calitate
Receita	Reţetă
Sabor	Aromă

Churrascos
Grătare

Almoço	Prânz
Convite	Invitaţie
Crianças	Copii
Facas	Cuţite
Família	Familie
Fome	Foame
Frango	Pui
Fruta	Fruct
Grelha	Grătar
Jantar	Cina
Jogos	Jocuri
Legumes	Legume
Molho	Sos
Música	Muzică
Pimenta	Piper
Quente	Fierbinte
Sal	Sare
Saladas	Salate
Tomates	Rosii
Verão	Vară

Cidade
Oraș

Aeroporto	Aeroport
Banco	Bancă
Biblioteca	Bibliotecă
Cinema	Cinema
Clínica	Clinica
Escola	Școală
Estádio	Stadion
Farmácia	Farmacie
Florista	Florar
Galeria	Galerie
Hotel	Hotel
Livraria	Librărie
Mercado	Piață
Museu	Muzeu
Padaria	Brutărie
Restaurante	Restaurant
Salão	Salon
Supermercado	Supermarket
Teatro	Teatru
Universidade	Universitate

Ciência
Știință

Átomo	Atom
Cientista	Om de Știință
Clima	Climat
Dados	Date
Evolução	Evoluție
Fato	Fapt
Física	Fizică
Fóssil	Fosil
Gravidade	Gravitație
Hipótese	Ipoteză
Laboratório	Laborator
Método	Metodă
Minerais	Minerale
Moléculas	Molecule
Natureza	Natură
Observação	Observare
Organismo	Organism
Partículas	Particule
Plantas	Plante
Químico	Chimic

Circo
Circ

Acrobata	Acrobat
Animais	Animale
Balões	Baloane
Bilhete	Bilet
Desfile	Paradă
Doce	Bomboane
Elefante	Elefant
Espectador	Spectator
Espetacular	Spectaculos
Leão	Leu
Macaco	Maimuță
Magia	Magie
Malabarista	Jongler
Mágico	Magician
Música	Muzică
Palhaço	Clovn
Tenda	Cort
Tigre	Tigru
Traje	Costum
Truque	Truc

Clima
Vremea

Arco-Íris	Curcubeu
Atmosfera	Atmosferă
Brisa	Briză
Céu	Cer
Clima	Climat
Furacão	Uragan
Gelo	Gheață
Monção	Muson
Nevoeiro	Ceață
Nuvem	Nor
Polar	Polar
Relâmpago	Fulger
Seca	Secetă
Seco	Uscat
Temperatura	Temperatura
Tempestade	Furtună
Tornado	Tornadă
Tropical	Tropicale
Trovão	Tunet
Vento	Vânt

Comida # 2
Alimente #2

Alcachofra	Anghinare
Amêndoa	Migdală
Arroz	Orez
Banana	Banană
Beringela	Vânătă
Brócolis	Broccoli
Cereja	Cireașă
Chocolate	Ciocolată
Cogumelo	Ciupercă
Frango	Pui
Iogurte	Iaurt
Kiwi	Kiwi
Maçã	Măr
Ovo	Ou
Peixe	Pește
Presunto	Șuncă
Queijo	Brânză
Tomate	Roșie
Trigo	Grâu
Uva	Struguri

Comida #1
Alimente #1

Açúcar	Zahăr
Alho	Usturoi
Amendoim	Arahidă
Atum	Ton
Bolo	Tort
Canela	Scorțișoară
Cebola	Ceapă
Cenoura	Morcov
Cevada	Orz
Damasco	Caisă
Espinafre	Spanac
Leite	Lapte
Limão	Lămâie
Manjericão	Busuioc
Morango	Căpșună
Nabo	Nap
Sal	Sare
Salada	Salată
Sopa	Supă
Suco	Suc

Conservação
Conservare

Ambiental	Mediu
Água	Apă
Ciclo	Ciclu
Clima	Climat
Ecossistema	Ecosistem
Educação	Educaţie
Habitat	Habitat
Natural	Firesc
Orgânico	Organic
Pesticida	Pesticid
Poluição	Poluare
Reciclar	Reciclare
Reduzir	Reduce
Saúde	Sănătate
Sustentável	Durabilă
Verde	Verde
Voluntário	Voluntar

Cores
Culori

Amarelo	Galben
Azul	Albastru
Bege	Bej
Branco	Alb
Carmesim	Crimson
Ciano	Cyan
Cinza	Gri
Fuchsia	Fucsie
Laranja	Portocaliu
Magenta	Magenta
Marrom	Maro
Preto	Negru
Rosa	Roz
Roxo	Violet
Sépia	Sepia
Verde	Verde
Vermelho	Roşu

Corpo Humano
Corpul Uman

Boca	Gură
Cabeça	Cap
Cérebro	Creier
Coração	Inimă
Cotovelo	Cot
Dedo	Deget
Joelho	Genunchi
Mandíbula	Falcă
Mão	Mână
Nariz	Nas
Olho	Ochi
Ombro	Umăr
Orelha	Ureche
Pele	Piele
Perna	Picior
Pescoço	Gât
Queixo	Bărbie
Sangue	Sânge
Testa	Frunte
Tornozelo	Gleznă

Cozinha
Bucătărie

Avental	Şorţ
Chaleira	Ceainic
Colheres	Linguri
Concha	Polonic
Cups	Cupe
Especiarias	Condimente
Esponja	Burete
Facas	Cuţite
Forno	Cuptor
Freezer	Congelator
Garfos	Furci
Geladeira	Frigider
Grelha	Grătar
Guardanapo	Şerveţel
Jar	Borcan
Jarro	Ulcior
Pauzinhos	Beţişoare
Receita	Reţetă
Tigela	Castron

Dança
Dance

Academia	Academie
Alegre	Vesel
Arte	Artă
Clássico	Clasic
Coreografia	Coregrafie
Corpo	Corp
Cultura	Cultură
Cultural	Cultural
Emoção	Emoţie
Ensaio	Repetiţie
Expressivo	Expresiv
Graça	Graţie
Movimento	Mişcare
Música	Muzică
Parceiro	Partener
Postura	Postură
Ritmo	Ritm
Tradicional	Traditional
Visual	Vizual

Dias e Meses
Zile şi Lunile

Abril	Aprilie
Agosto	August
Ano	An
Calendário	Calendar
Dezembro	Decembrie
Domingo	Duminică
Fevereiro	Februarie
Janeiro	Ianuarie
Julho	Iulie
Junho	Iunie
Mês	Lună
Novembro	Noiembrie
Outubro	Octombrie
Quinta-Feira	Joi
Sábado	Sâmbătă
Segunda-Feira	Luni
Semana	Săptămână
Setembro	Septembrie
Sexta-Feira	Vineri
Terça	Marţi

Dinossauros
Dinozaurii

Asas	Aripi
Carnívoro	Carnivor
Cauda	Coadă
Desaparecimento	Dispariţie
Enorme	Enorm
Espécies	Specie
Evolução	Evoluţie
Fósseis	Fosile
Grande	Mare
Herbívoro	Erbivor
Mamute	Mamut
Onívoro	Omnivor
Poderoso	Puternic
Presa	Pradă
Pré-Histórico	Preistoric
Raptor	Raptor
Réptil	Reptilă
Tamanho	Mărimea
Terra	Pământ
Vicioso	Vicios

Dirigindo
Conducere

Acidente	Accident
Carro	Maşină
Combustível	Combustibil
Cuidado	Prudenţă
Estrada	Drum
Freios	Frâne
Garagem	Garaj
Gás	Gaz
Licença	Licenţă
Mapa	Hartă
Motocicleta	Motocicletă
Motor	Motor
Pedestre	Pieton
Perigo	Pericol
Polícia	Politie
Rua	Stradă
Segurança	Siguranţă
Transporte	Transport
Tráfego	Trafic
Túnel	Tunel

Disciplinas Científicas
Disciplinele Ştiinţifice

Anatomia	Anatomie
Arqueologia	Arheologie
Astronomia	Astronomie
Biologia	Biologie
Bioquímica	Biochimie
Botânica	Botanică
Cinesiologia	Kinetoterapie
Ecologia	Ecologie
Fisiologia	Fiziologie
Geologia	Geologie
Imunologia	Imunologie
Linguística	Lingvistică
Meteorologia	Meteorologie
Mineralogia	Mineralogie
Neurologia	Neurologie
Psicologia	Psihologie
Química	Chimie
Sociologia	Sociologie
Termodinâmica	Termodinamică
Zoologia	Zoologie

Ecologia
Ecologie

Clima	Climat
Comunidades	Comunităţi
Diversidade	Diversitate
Espécies	Specie
Fauna	Faună
Flora	Floră
Global	Global
Habitat	Habitat
Marinho	Marin
Natural	Firesc
Natureza	Natură
Pântano	Mlaştină
Plantas	Plante
Recursos	Resurse
Seca	Secetă
Sobrevivência	Supravieţuire
Sustentável	Durabilă
Variedade	Varietate
Vegetação	Vegetaţie
Voluntários	Voluntari

Edifícios
Constructii

Apartamento	Apartament
Castelo	Castel
Celeiro	Hambar
Cinema	Cinema
Embaixada	Ambasadă
Escola	Şcoală
Estádio	Stadion
Fazenda	Fermă
Fábrica	Fabrică
Garagem	Garaj
Hospital	Spital
Hotel	Hotel
Laboratório	Laborator
Museu	Muzeu
Observatório	Observator
Supermercado	Supermarket
Teatro	Teatru
Tenda	Cort
Torre	Turn
Universidade	Universitate

Emoções
Emoţii

Alegria	Bucurie
Amor	Dragoste
Animado	Excitat
Bem-Aventurança	Fericire
Bondade	Bunătate
Calmo	Calm
Conteúdo	Conţinut
Envergonhado	Jenat
Grato	Recunoscător
Medo	Frică
Paz	Pace
Raiva	Furie
Relaxado	Relaxat
Satisfeito	Satisfăcut
Simpatia	Simpatie
Ternura	Sensibilitate
Tédio	Plictiseală
Tranquilidade	Linişte
Tristeza	Tristeţe

Escalada
Alpinism

Altitude	Altitudine
Atmosfera	Atmosferă
Botas	Cizme
Caminhada	Drumeții
Capacete	Cască
Caverna	Peșteră
Curiosidade	Curiozitate
Desafios	Provocări
Especialista	Expert
Estabilidade	Stabilitate
Estreito	Îngust
Físico	Fizic
Força	Tărie
Guias	Ghiduri
Luvas	Mănuși
Mapa	Hartă
Terreno	Teren

Escola # 2
Școală #2

Acadêmico	Academic
Atividades	Activități
Biblioteca	Bibliotecă
Calendário	Calendar
Ciência	Știință
Computador	Calculator
Dicionário	Dicționar
Educação	Educație
Gramática	Gramatică
Jogos	Jocuri
Lápis	Creion
Leitura	Lectură
Literatura	Literatură
Livros	Cărți
Matemática	Matematică
Mochila	Rucsac
Papel	Hârtie
Professor	Profesor
Suprimentos	Provizii
Tesoura	Foarfece

Escola #1
Școală #1

Alfabeto	Alfabet
Almoço	Prânz
Amigos	Prieteni
Biblioteca	Bibliotecă
Cadeira	Scaun
Canetas	Stilouri
Exames	Examene
Lápis	Creion
Livros	Cărți
Marcadores	Markeri
Matemática	Matematică
Mesa	Birou
Números	Numere
Papel	Hârtie
Pastas	Dosare
Professor	Profesor
Questionário	Test
Respostas	Răspunsuri

Especiarias
Condimente

Açafrão	Șofran
Alcaçuz	Lemn Dulce
Alho	Usturoi
Amargo	Amar
Anis	Anason
Azedo	Acru
Baunilha	Vanilie
Canela	Scorțișoară
Cardamomo	Cardamom
Caril	Curry
Cebola	Ceapă
Coentro	Coriandru
Cominho	Chimion
Doce	Dulce
Funcho	Fenicul
Gengibre	Ghimbir
Noz-Moscada	Nucșoară
Pimenta	Piper
Sabor	Aromă
Sal	Sare

Esportes
Sport

Atleta	Atlet
Árbitro	Arbitru
Basquete	Baschet
Beisebol	Baseball
Bicicleta	Bicicletă
Campeonato	Campionat
Equipe	Echipă
Estádio	Stadion
Ganhador	Câștigător
Ginástica	Gimnastică
Golfe	Golf
Hóquei	Hochei
Jogador	Jucător
Jogo	Joc
Movimento	Mișcare
Tênis	Tenis
Treinador	Antrenor

Exploração
Explorare

Animais	Animale
Atividade	Activitate
Busca	Quest
Coragem	Curaj
Culturas	Culturi
Descoberta	Descoperire
Desconhecido	Necunoscut
Determinação	Determinare
Distante	Îndepărtat
Espaço	Spațiu
Exaustão	Epuizare
Excitação	Emoție
Língua	Limba
Novo	Nou
Perigos	Pericole
Selvagem	Sălbatic
Terreno	Teren
Viagem	Călătorie

Família
Familie

Antepassado	Strămoș
Avó	Bunica
Criança	Copil
Crianças	Copii
Esposa	Soție
Filha	Fiica
Infância	Copilărie
Irmã	Sora
Irmão	Frate
Marido	Soțul
Materno	Matern
Mãe	Mamă
Neto	Nepot
Pai	Tată
Paterno	Patern
Primo	Văr
Sobrinha	Nepoată
Sobrinho	Nepot
Tia	Mătușă
Tio	Unchi

Fazenda #1
Ferma # 1

Abelha	Albină
Agricultura	Agricultură
Arroz	Orez
Água	Apă
Bezerro	Vițel
Burro	Măgar
Cabra	Capră
Campo	Câmp
Cavalo	Cal
Cão	Câine
Cerca	Gard
Corvo	Cioară
Feno	Fân
Fertilizante	Îngrășământ
Frango	Pui
Gato	Pisică
Mel	Miere
Porco	Porc
Rebanho	Turmă
Vaca	Vacă

Fazenda #2
Ferma # 2

Agricultor	Fermier
Animais	Animale
Celeiro	Hambar
Cevada	Orz
Colmeia	Stup
Cordeiro	Miel
Fruta	Fruct
Irrigação	Irigare
Leite	Lapte
Lhama	Lamă
Maduro	Copt
Milho	Porumb
Ovelha	Oaie
Pastor	Păstor
Pato	Rață
Pomar	Livadă
Prado	Luncă
Trator	Tractor
Trigo	Grâu
Vegetal	Vegetal

Ferramentas de Cozinha
Instrumente de Gătit

Chaleira	Ceainic
Coador	Strecurătoare
Colher	Lingură
Espátula	Spatulă
Espremedor	Storcător
Faca	Cuțit
Fogão	Sobă
Forno	Cuptor
Garfo	Furcă
Geladeira	Frigider
Liquidificador	Blender
Ralador	Răzătoare
Talheres	Tacâmuri
Tampa	Capac
Termômetro	Termometru
Tesoura	Foarfece

Férias #2
Vacanță #2

Acampamento	Camping
Aeroporto	Aeroport
Destino	Destinație
Estrangeiro	Străin
Feriado	Vacanță
Fotos	Fotografii
Hotel	Hotel
Ilha	Insulă
Lazer	Timp Liber
Mapa	Hartă
Mar	Mare
Passaporte	Pașaport
Praia	Plajă
Reservas	Rezervări
Restaurante	Restaurant
Táxi	Taxi
Tenda	Cort
Transporte	Transport
Viagem	Călătorie
Visto	Viză

Ficção Científica
Operă Științifico-Fantas

Atómico	Atomic
Cinema	Cinema
Distante	Îndepărtat
Distopia	Distopie
Explosão	Explozie
Extremo	Extrem
Fantástico	Fantastic
Fogo	Foc
Futurista	Futurist
Galáxia	Galaxie
Ilusão	Iluzie
Imaginário	Imaginar
Livros	Cărți
Misterioso	Misterios
Mundo	Lume
Oráculo	Oracol
Planeta	Planetă
Robôs	Roboți
Tecnologia	Tehnologie
Utopia	Utopie

Flores
Flori

Buquê	Buchet
Dente-De-Leão	Păpădie
Gardênia	Gardenie
Hibisco	Hibiscus
Jasmim	Iasomie
Lavanda	Lavandă
Lilás	Liliac
Lírio	Crin
Magnólia	Magnolie
Margarida	Margaretă
Narciso	Narcisă
Orquídea	Orhidee
Papoula	Mac
Peônia	Bujor
Pétala	Petală
Plumeria	Plumeria
Rosa	Trandafir
Trevo	Trifoi
Tulipa	Lalea

Floresta Tropical
Pădurea Tropicală

Anfíbios	Amfibieni
Botânico	Botanic
Clima	Climat
Comunidade	Comunitate
Diversidade	Diversitate
Espécies	Specie
Indígena	Indigene
Insetos	Insecte
Mamíferos	Mamifere
Musgo	Mușchi
Natureza	Natură
Nuvens	Nori
Pássaros	Păsări
Preservação	Conservare
Refúgio	Refugiu
Respeito	Respect
Restauração	Restaurare
Selva	Junglă
Sobrevivência	Supraviețuire
Valioso	Valoros

Formas
Forme

Arco	Arc
Canto	Colț
Cilindro	Cilindru
Círculo	Cerc
Cone	Con
Cubo	Cub
Curva	Curbă
Elipse	Elipsă
Esfera	Sferă
Hipérbole	Hiperbolă
Lado	Parte
Linha	Linia
Oval	Oval
Pirâmide	Piramidă
Polígono	Poligon
Prisma	Prismă
Quadrado	Pătrat
Retângulo	Dreptunghi
Triângulo	Triunghi

Frutas
Fructe

Abacate	Avocado
Abacaxi	Ananas
Amora	Mure
Baga	Bacă
Banana	Banană
Cereja	Cireașă
Coco	Nucă de Cocos
Damasco	Caisă
Figo	Fig
Framboesa	Zmeură
Kiwi	Kiwi
Laranja	Portocaliu
Limão	Lămâie
Maçã	Măr
Mamão	Papaya
Manga	Mango
Nectarina	Nectarină
Pera	Pară
Pêssego	Piersică
Uva	Struguri

Gatos
Pisicile

Brincalhão	Jucăuș
Caçador	Vânător
Cauda	Coadă
Curioso	Curios
Dormir	Somn
Engraçado	Amuzant
Fio	Fire
Garra	Gheară
Independente	Independent
Louco	Nebun
Mouse	Șoarece
Pata	Laba
Pele	Blană
Personalidade	Personalitate
Selvagem	Sălbatic
Tímido	Timid

Geografia
Geografie

Altitude	Altitudine
Atlas	Atlas
Cidade	Oraș
Continente	Continent
Hemisfério	Emisferă
Ilha	Insulă
Latitude	Latitudine
Mapa	Hartă
Mar	Mare
Meridiano	Meridian
Montanha	Munte
Mundo	Lume
Norte	Nord
Oceano	Ocean
Oeste	Vest
País	Țară
Região	Regiune
Rio	Râu
Sul	Sud
Território	Teritoriu

Geologia
Geologie

Ácido	Acid
Camada	Strat
Caverna	Cavernă
Cálcio	Calciu
Continente	Continent
Coral	Coral
Cristais	Cristale
Erosão	Eroziune
Estalactite	Stalactit
Estalagmites	Stalagmite
Fóssil	Fosil
Lava	Lavă
Minerais	Minerale
Pedra	Piatră
Platô	Platou
Quartzo	Cuarț
Sal	Sare
Terremoto	Cutremur
Vulcão	Vulcan
Zona	Zonă

Herbalismo
Plante Medicinale

Açafrão	Șofran
Alecrim	Rozmarin
Alho	Usturoi
Aromático	Aromat
Benéfico	Benefic
Coentro	Coriandru
Estragão	Tarhon
Flor	Floare
Funcho	Fenicul
Ingrediente	Ingredient
Jardim	Grădină
Lavanda	Lavandă
Manjericão	Busuioc
Manjerona	Maghiran
Planta	Plantă
Qualidade	Calitate
Sabor	Aromă
Salsa	Pătrunjel
Tomilho	Cimbru
Verde	Verde

Insetos
Insectele

Abelha	Albină
Besouro	Gândac
Borboleta	Fluture
Cigarra	Greier
Cupim	Termită
Formiga	Furnică
Gafanhoto	Lăcustă
Joaninha	Gărgăriță
Larva	Larvă
Libélula	Libelulă
Louva-A-Deus	Mantis
Mariposa	Molie
Minhoca	Vierme
Mosquito	Țânțar
Pulga	Purici
Pulgão	Afidă
Vespa	Viespe

Instrumentos Musicais
Instrumente Muzicale

Bandolim	Mandolină
Banjo	Banjo
Clarinete	Clarinet
Fagote	Fagot
Flauta	Flaut
Gaita	Muzicuță
Gongo	Gong
Harpa	Harpă
Marimba	Marimba
Oboé	Oboi
Pandeiro	Tamburină
Percussão	Percuție
Piano	Pian
Saxofone	Saxofon
Tambor	Tobă
Trombone	Trombon
Trompete	Trompetă
Violão	Chitară
Violino	Vioară
Violoncelo	Violoncel

Jardim
Grădină

Ancinho	Greblă
Arbusto	Tufiș
Árvore	Copac
Banco	Bancă
Cerca	Gard
Ervas Daninhas	Buruieni
Flor	Floare
Garagem	Garaj
Grama	Iarbă
Gramado	Gazon
Jardim	Grădină
Lagoa	Iaz
Maca	Hamac
Mangueira	Furtun
Pá	Lopată
Pomar	Livadă
Solo	Sol
Terraço	Terasă
Trampolim	Trambulină
Varanda	Verandă

Literatura
Literatură

Analogia	Analogie
Análise	Analiză
Anedota	Anecdotă
Autor	Autor
Biografia	Biografie
Comparação	Comparație
Conclusão	Concluzie
Descrição	Descriere
Diálogo	Dialog
Estilo	Stil
Ficção	Ficțiune
Metáfora	Metaforă
Narrador	Narator
Opinião	Opinie
Poema	Poem
Rima	Rimă
Ritmo	Ritm
Romance	Roman
Tema	Temă
Tragédia	Tragedie

Livros
Cărți

Autor	Autor
Aventura	Aventură
Coleção	Colecție
Contexto	Context
Dualidade	Dualitate
Escrito	Scris
Épico	Epic
História	Poveste
Histórico	Istoric
Inventivo	Inventiv
Leitor	Cititor
Literário	Literar
Narrador	Narator
Página	Pagină
Poema	Poem
Poesia	Poezie
Relevante	Relevant
Romance	Roman
Série	Serie
Trágico	Tragic

Mamíferos
Mamiferele

Baleia	Balenă
Camelo	Cămilă
Canguru	Cangur
Castor	Castor
Cavalo	Cal
Cão	Câine
Coelho	Iepure
Coiote	Coiot
Elefante	Elefant
Gato	Pisică
Girafa	Girafă
Golfinho	Delfin
Gorila	Gorilă
Leão	Leu
Lobo	Lup
Macaco	Maimuță
Ovelha	Oaie
Raposa	Vulpe
Touro	Taur
Zebra	Zebră

Matemática
Matematică

Aritmética	Aritmetică
Ângulos	Unghiuri
Circunferência	Circumferință
Decimal	Zecimal
Diâmetro	Diametru
Equação	Ecuație
Expoente	Exponent
Fração	Fracțiune
Geometria	Geometrie
Paralelo	Paralel
Paralelogramo	Paralelogram
Perímetro	Perimetru
Perpendicular	Perpendicular
Polígono	Poligon
Raio	Rază
Retângulo	Dreptunghi
Simetria	Simetrie
Soma	Sumă
Triângulo	Triunghi
Volume	Volum

Material de Arte
Materiale de Artă

Acrílico	Acrilic
Apagador	Radieră
Aquarelas	Acuarele
Argila	Lut
Água	Apă
Cadeira	Scaun
Carvão	Cărbune
Cavalete	Șevalet
Câmera	Aparat Foto
Cola	Lipici
Cores	Culori
Criatividade	Creativitate
Escovas	Perii
Lápis	Creioane
Mesa	Tabel
Óleo	Ulei
Papel	Hârtie
Pastels	Pasteluri
Tinta	Cerneală
Tintas	Vopsele

Medições
Măsurătorile

Altura	Înălțime
Byte	Byte
Centímetro	Centimetru
Comprimento	Lungime
Decimal	Zecimal
Grama	Gram
Grau	Grad
Largura	Lățime
Litro	Litru
Massa	Masă
Metro	Metru
Minuto	Minut
Onça	Uncie
Peso	Greutate
Polegada	Inch
Profundidade	Adâncime
Quilograma	Kilogram
Quilômetro	Kilometru
Tonelada	Tonă
Volume	Volum

Meditação
Meditație

Aceitação	Acceptare
Acordado	Treaz
Atenção	Atenție
Bondade	Bunătate
Clareza	Claritate
Compaixão	Compasiune
Emoções	Emoții
Gratidão	Recunoștință
Hábitos	Obiceiuri
Mental	Mental
Mente	Minte
Movimento	Mișcare
Música	Muzică
Natureza	Natură
Observação	Observare
Paz	Pace
Pensamentos	Gânduri
Perspectiva	Perspectivă
Postura	Postură
Silêncio	Tăcere

Mitologia
Mitologie

Arquétipo	Arhetip
Ciúmes	Gelozie
Comportamento	Comportament
Criação	Creare
Criatura	Făptură
Cultura	Cultură
Desastre	Dezastru
Força	Tărie
Guerreiro	Războinic
Heroína	Eroina
Herói	Erou
Imortalidade	Nemurire
Labirinto	Labirint
Lenda	Legendă
Mágico	Magic
Monstro	Monstru
Mortal	Muritor
Relâmpago	Fulger
Trovão	Tunet
Vingança	Răzbunare

Móveis
Mobilier

Almofada	Pernă
Almofadas	Perne
Banco	Bancă
Cadeira	Scaun
Cama	Pat
Colchão	Saltea
Cortinas	Perdele
Cômoda	Dulap
Espelho	Oglindă
Estante	Bibliotecă
Futon	Futon
Maca	Hamac
Mesa	Birou
Poltrona	Fotoliu
Prateleiras	Rafturi
Sofá	Canapea
Tapete	Covor

Natureza
Natura

Abelhas	Albine
Abrigo	Adăpost
Animais	Animale
Ártico	Arctic
Beleza	Frumusețe
Deserto	Deșert
Dinâmico	Dinamic
Erosão	Eroziune
Floresta	Pădure
Folhagem	Frunze
Geleira	Ghețar
Nevoeiro	Ceață
Nuvens	Nori
Pacífico	Pașnică
Rio	Râu
Santuário	Sanctuar
Selvagem	Sălbatic
Sereno	Senin
Tropical	Tropical
Vital	Vital

Nutrição
Alimentație

Amargo	Amar
Apetite	Apetit
Calorias	Calorii
Carboidratos	Glucide
Comestível	Comestibil
Dieta	Dietă
Digestão	Digestie
Equilibrado	Echilibrat
Fermentação	Fermentație
Líquidos	Lichide
Molho	Sos
Nutriente	Nutrient
Peso	Greutate
Proteínas	Proteine
Qualidade	Calitate
Sabor	Aromă
Saudável	Sănătos
Saúde	Sănătate
Toxina	Toxină
Vitamina	Vitamină

Números
Numerele

Cinco	Cinci
Decimal	Zecimal
Dez	Zece
Dezesseis	Șaisprezece
Dezessete	Șaptesprezece
Dezoito	Optsprezece
Dois	Doi
Doze	Doisprezece
Nove	Nouă
Oito	Opt
Quatorze	Paisprezece
Quatro	Patru
Quinze	Cincisprezece
Seis	Șase
Sete	Șapte
Treze	Treisprezece
Três	Trei
Um	Unu
Vinte	Douăzeci
Zero	Zero

Oceano
Ocean

Alga	Alge
Atum	Ton
Baleia	Balenă
Barco	Barcă
Camarão	Crevetă
Caranguejo	Crab
Coral	Coral
Enguia	Anghilă
Esponja	Burete
Golfinho	Delfin
Marés	Maree
Medusa	Meduze
Ondas	Valuri
Ostra	Stridie
Peixe	Pește
Polvo	Caracatiță
Recife	Recif
Sal	Sare
Tempestade	Furtună
Tubarão	Rechin

Paisagens
Peisaje

Cascata	Cascadă
Caverna	Peșteră
Colina	Deal
Deserto	Deșert
Geleira	Ghețar
Golfo	Golf
Iceberg	Aisberg
Ilha	Insulă
Lago	Lac
Mar	Mare
Montanha	Munte
Oásis	Oază
Oceano	Ocean
Pântano	Mlaștină
Península	Peninsulă
Praia	Plajă
Rio	Râu
Tundra	Tundră
Vale	Vale
Vulcão	Vulcan

Países #2
Țările #2

Albânia	Albania
Dinamarca	Danemarca
França	Franța
Grécia	Grecia
Haiti	Haiti
Indonésia	Indonezia
Irlanda	Irlanda
Jamaica	Jamaica
Japão	Japonia
Laos	Laos
Líbano	Liban
México	Mexic
Nepal	Nepal
Nigéria	Nigeria
Paquistão	Pakistan
Rússia	Rusia
Síria	Siria
Somália	Somalia
Ucrânia	Ucraina
Uganda	Uganda

Pássaros
Păsări

Avestruz	Struț
Águia	Vultur
Cegonha	Barză
Cisne	Lebădă
Corvo	Cioară
Cuco	Cuc
Flamingo	Flamingo
Frango	Pui
Gaivota	Pescăruș
Ganso	Gâscă
Garça	Stârc
Ovo	Ou
Papagaio	Papagal
Pardal	Vrabie
Pato	Rață
Pavão	Păun
Pelicano	Pelican
Pinguim	Pinguin
Pombo	Porumbel
Tucano	Toucan

Pesca
Pescuit

Água	Apă
Barbatanas	Aripioare
Barco	Barcă
Brânquias	Branhii
Cesta	Coș
Cozinhar	Bucătar
Equipamento	Echipament
Exagero	Exagerare
Fio	Sârmă
Gancho	Cârlig
Isca	Momeală
Lago	Lac
Mandíbula	Falcă
Oceano	Ocean
Paciência	Răbdare
Peso	Greutate
Praia	Plajă
Rio	Râu
Temporada	Sezon

Piratas
Piratii

Aventura	Aventură
Âncora	Ancoră
Bússola	Busolă
Capitão	Căpitan
Caverna	Peșteră
Cicatriz	Cicatrice
Espada	Sabie
Ilha	Insulă
Lenda	Legendă
Mapa	Hartă
Mau	Rău
Moedas	Monede
Oceano	Ocean
Ouro	Aur
Papagaio	Papagal
Perigo	Pericol
Praia	Plajă
Rum	Rom
Tesouro	Comoară
Tripulação	Echipaj

Plantas
Plante

Arbusto	Tufiș
Árvore	Copac
Baga	Bacă
Bambu	Bambus
Botânica	Botanică
Cacto	Cactus
Feijão	Fasole
Fertilizante	Îngrășământ
Flor	Floare
Flora	Floră
Floresta	Pădure
Folha	Frunză
Folhagem	Frunze
Grama	Iarbă
Hera	Iederă
Jardim	Grădină
Musgo	Mușchi
Pétala	Petală
Raiz	Rădăcină
Vegetação	Vegetație

Preencher
Pentru a Umple

Bacia	Bazin
Balde	Găleată
Bandeja	Tavă
Barril	Butoi
Bolso	Buzunar
Caixa	Cutie
Cesta	Coş
Envelope	Plic
Garrafa	Sticlă
Gaveta	Sertar
Jar	Borcan
Mala	Valiză
Pacote	Pachet
Pasta	Dosar
Saco	Sac
Tubo	Tub
Vaso	Vază

Profissões #1
Profesiile #1

Advogado	Avocat
Alfaiate	Croitor
Artista	Artist
Astrônomo	Astronom
Banqueiro	Bancher
Bombeiro	Pompier
Caçador	Vânător
Cartógrafo	Cartograf
Cientista	Om de Ştiinţă
Dançarino	Dansator
Editor	Editor
Embaixador	Ambasador
Encanador	Instalator
Geólogo	Geolog
Joalheiro	Bijutier
Marinheiro	Marinar
Músico	Muzician
Pianista	Pianist
Psicólogo	Psiholog
Veterinário	Veterinar

Profissões #2
Profesiile #2

Agricultor	Fermier
Astronauta	Astronaut
Bibliotecário	Bibliotecar
Biólogo	Biolog
Cirurgião	Chirurg
Dentista	Dentist
Engenheiro	Inginer
Filósofo	Filozof
Fotógrafo	Fotograf
Ilustrador	Ilustrator
Inventor	Inventator
Investigador	Cercetător
Jardineiro	Grădinar
Jornalista	Jurnalist
Linguista	Lingvist
Médico	Medic
Piloto	Pilot
Pintor	Pictor
Professor	Profesor
Zoólogo	Zoolog

Restaurante # 2
Restaurantul #2

Almoço	Prânz
Aperitivo	Aperitiv
Água	Apă
Bebida	Băutură
Bolo	Tort
Cadeira	Scaun
Colher	Lingură
Delicioso	Delicios
Especiarias	Condimente
Fruta	Fruct
Garçom	Chelner
Garfo	Furcă
Gelo	Gheață
Jantar	Cina
Legumes	Legume
Ovo	Ouă
Peixe	Peşte
Sal	Sare
Salada	Salată
Sopa	Supă

Restaurante #1
Restaurantul #1

Alergia	Alergie
Café	Cafea
Caixa	Casier
Carne	Carne
Cozinha	Bucătărie
Faca	Cuțit
Frango	Pui
Garçonete	Chelneriță
Guardanapo	Șervețel
Ingredientes	Ingrediente
Menu	Meniu
Molho	Sos
Pão	Pâine
Picante	Picant
Placa	Farfurie
Reserva	Rezervare
Sobremesa	Desert
Tigela	Castron

Roupas
Haine

Avental	Șorț
Blusa	Bluză
Calça	Pantaloni
Camisa	Cămaşă
Casaco	Haina
Chapéu	Pălărie
Cinto	Curea
Colar	Colier
Jaqueta	Sacou
Jeans	Blugi
Luvas	Mănuşi
Meias	Șosete
Moda	Modă
Pijama	Pijama
Pulseira	Brățară
Saia	Fusta
Sandálias	Sandale
Sapato	Pantof
Suéter	Pulover
Vestido	Rochie

Sons
Sunete

Alto	Tare
Apito	Fluier
Aplaudir	Bate
Concerto	Concert
Coro	Cor
Eco	Ecou
Gemer	Geme
Ressonante	Rezonant
Riso	Râs
Ruidoso	Zgomotos
Sino	Clopot
Sirenes	Sirene
Sussurrar	Șoaptă
Tosse	Tuse
Vibração	Vibrație
Vozes	Voci

Surf
Navigare

Atleta	Atlet
Campeão	Campion
Espuma	Spumă
Estilo	Stil
Estômago	Stomac
Extremo	Extrem
Força	Tărie
Multidões	Mulțimi
Oceano	Ocean
Onda	Val
Popular	Popular
Praia	Plajă
Principiante	Începător
Rapidez	Viteză
Recife	Recif
Tempo	Vreme

Tecnologia
Tehnologie

Arquivo	Fișier
Blog	Blog
Bytes	Bytes
Câmera	Aparat Foto
Computador	Calculator
Cursor	Cursor
Dados	Date
Digital	Digital
Estatísticas	Statistici
Fonte	Font
Internet	Internet
Mensagem	Mesaj
Navegador	Browser
Pesquisa	Cercetare
Segurança	Securitate
Software	Software
Tela	Ecran
Virtual	Virtual
Vírus	Virus

Tempo
Timp

Agora	Acum
Ano	An
Antes	Înainte
Anual	Anual
Calendário	Calendar
Década	Deceniu
Dia	Zi
Futuro	Viitor
Hoje	Azi
Hora	Oră
Manhã	Dimineață
Meio-Dia	Amiază
Mês	Lună
Minuto	Minut
Momento	Clipă
Noite	Noapte
Ontem	Ieri
Relógio	Ceas
Semana	Săptămână
Século	Secol

Tipos de Cabelo
Tipuri de Par

Branco	Alb
Brilhante	Lucios
Cachos	Bucle
Careca	Chel
Cinza	Gri
Colori	Colorate
Encaracolado	Cret
Fino	Subțire
Grosso	Gros
Loiro	Blond
Longo	Lung
Marrom	Maro
Ondulado	Ondulat
Prata	Argint
Preto	Negru
Saudável	Sănătos
Seco	Uscat
Suave	Moale
Trançado	Împletit
Tranças	Împletituri

Vegetais
Legume

Abóbora	Dovleac
Aipo	Țelină
Alcachofra	Anghinare
Alho	Usturoi
Batata	Cartof
Beringela	Vânătă
Brócolis	Broccoli
Cebola	Ceapă
Cenoura	Morcov
Chalota	Șalotă
Cogumelo	Ciupercă
Ervilha	Mazăre
Espinafre	Spanac
Gengibre	Ghimbir
Nabo	Nap
Pepino	Castravete
Rabanete	Ridiche
Salada	Salată
Salsa	Pătrunjel
Tomate	Roșie

Veículos
Autovehicule

Ambulância	Ambulanţă
Avião	Avion
Balsa	Bac
Barco	Barcă
Bicicleta	Bicicletă
Caminhão	Camion
Caravana	Caravană
Carro	Maşină
Foguete	Rachetă
Helicóptero	Elicopter
Jangada	Plută
Lambreta	Scuter
Metrô	Metrou
Motor	Motor
Ônibus	Autobuz
Pneus	Anvelope
Submarino	Submarin
Táxi	Taxi
Transporte	Navetă
Trator	Tractor

Verão
Vara

Acampamento	Camping
Alegria	Bucurie
Amigos	Prieteni
Casa	Acasă
Estrelas	Stele
Família	Familie
Jardim	Grădină
Jogos	Jocuri
Lazer	Timp Liber
Livros	Cărţi
Mar	Mare
Mergulho	Scufundări
Música	Muzică
Praia	Plajă
Relaxamento	Relaxare
Sandálias	Sandale
Viagem	Călătorie

Virtudes #1
Virtuţile #1

Apaixonado	Pasionat
Artístico	Artistic
Bom	Bun
Confiante	Încrezător
Curioso	Curios
Decisivo	Decisiv
Eficiente	Eficient
Encantador	Fermecător
Engraçado	Amuzant
Generoso	Generos
Imaginativo	Imaginativ
Independente	Independent
Inteligente	Inteligent
Limpo	Curat
Modesto	Modest
Paciente	Pacient
Prático	Practic
Sábio	Înţelept
Útil	Util

Xadrez
Şah

Branco	Alb
Campeão	Campion
Concurso	Concurs
Desafios	Provocări
Diagonal	Diagonală
Estratégia	Strategie
Jogador	Jucător
Jogo	Joc
Oponente	Adversar
Passivo	Pasiv
Pontos	Puncte
Preto	Negru
Rainha	Regină
Regras	Reguli
Rei	Rege
Sacrifício	Sacrificiu
Tempo	Timp
Torneio	Turneu

Parabéns

Conseguiu!

Esperamos que tenha gostado tanto deste livro como nós gostamos de o desenhar. Esforçamo-nos por criar livros da mais alta qualidade possível.
Esta edição foi concebida para proporcionar uma aprendizagem inteligente, de qualidade e divertida!

Gostou deste livro?

Um simples pedido

Estes livros existem graças às críticas que publica.
Pode ajudar-nos, deixando agora uma revisão?

Aqui está um pequeno link para
a sua página de revisão:

BestBooksActivity.com/Avaliacoes50

DESAFIO FINAL!

Desafio n° 1

Está pronto para o seu jogo grátis? Usamo-los a toda a hora, mas não são tão fáceis de encontrar - aqui estão os **Sinônimos!**
Escreva 5 palavras que encontrou nos puzzles (n° 21, n° 36, n° 76) e tente encontrar 2 sinónimos para cada palavra.

Escreva 5 palavras de **Puzzle 21**

Palavras	Sinônimo 1	Sinônimo 2

Escreva 5 palavras de **Puzzle 36**

Palavras	Sinônimo 1	Sinônimo 2

Escreva 5 palavras de **Puzzle 76**

Palavras	Sinônimo 1	Sinônimo 2

Desafio n° 2

Agora que já aqueceu, escreva 5 palavras que encontrou nos Puzzles (n° 9, n° 17 e n° 25) e tente encontrar 2 antônimos para cada palavra. Quantos se podem encontrar em 20 minutos?

Escreva 5 palavras de **Puzzle 9**

Palavras	Antônimo 1	Antônimo 2

Escreva 5 palavras de **Puzzle 17**

Palavras	Antônimo 1	Antônimo 2

Escreva 5 palavras de **Puzzle 25**

Palavras	Antônimo 1	Antônimo 2

Desafio n° 3

Óptimo! Este desafio final não é nada para si.

Pronto para o desafio final? Escolha 10 palavras que tenha descoberto nos diferentes puzzles e escreva-as abaixo.

1.	6.
2.	7.
3.	8.
4.	9.
5.	10.

Agora escreva um texto a pensar numa pessoa, num animal ou num lugar de seu agrado.

Pode utilizar a última página deste livro como um rascunho.

A Sua Composição:

CADERNO DE NOTAS:

ATÉ BREVE!

A equipa Inteira

DESCUBRA JOGOS GRATUITOS

GO

↓

BESTACTIVITYBOOKS.COM/FREEGAMES